Die Kleinbahn

ISBN 3-924335-26-5
Herausgeberin: Ingrid Zeunert
Lektorat: Wolfgang Zeunert
Fachmitarbeiter:
Andreas Christopher, Eugen Landerer,
Dieter Riehemann, Klaus-Joachim Schrader †,
Markus Strässle
Verlag Ingrid Zeunert
Postfach 14 07, 38504 Gifhorn
Hindenburgstr. 15, 38518 Gifhorn
Telefon: (05371) 3542 • Fax: (05371) 15114
e-mail: webmaster@Zeunert.de
Internet: http://www.kleinbahn-zeunert.de
DIE KLEINBAHN
Von dieser Buchreihe sollen in jedem Jahr ein bis
zwei Bände erscheinen.

Gedruckt bei
Druckerei W. Pfahler GmbH.
Hans-Bunte-Str. 43, 90431 Nürnberg

Inhalt

Titelbild:

Osthannoversche Eisenbahnen AG:

Diesellok 60022 rangiert am 24.9.1998 Kesselwagen

in Wittingen-Hafen.　　　　Foto: Ingrid Zeunert

Rücktitelbild:

Genthiner Eisenbahn:

Der DB AG-VT 771 027 hält am 22.4.1999 Kleinbahn-

hof Schönhausen (Elbe).　　　Foto: Dieter Riehemann

DIE KLEINBAHN im Internet:

www.kleinbahn-zeunert.de

Kleinbahnen in Deutschland

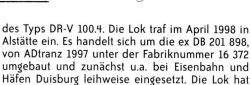

Ahaus-Alstätter Eisenbahn GmbH

Die AAE fährt seit dem 25.5.198, mit eigener Lok von Montag bis Freitag einen Güterzug von Alstätte (ab gegen 4.30 Uhr) nach Ahaus und weiter über die DB-Strecke via Coesfeld bis nach Lünen Süd und zurück. Alstätte wird planmäßig wieder gegen 11.30 Uhr erreicht.

Da die seit 1992 vorhandene Diesellok ALSTÄTTE I (Jung 1958/12991, 340 PS, ex Klb Bad Zwischenahn-Edewechterdamm) natürlich für diesen Verkehr völlig ungeeignet ist, erwarb die AAE von ADtranz eine modernisierte und neu motorisierte Diesellok des Typs DR-V 100.4. Die Lok traf im April 1998 in Alstätte ein. Es handelt sich um die ex DB 201 898, von ADtranz 1997 unter der Fabriknummer 16 372 umgebaut und zunächst u.a. bei Eisenbahn und Häfen Duisburg leihweise eingesetzt. Die Lok hat bei der AAE die Bezeichnung ALSTÄTTE II erhalten.

Dieter Riehemann

AKN Eisenbahn AG (AKN)

1997 befand sich der VT 300 (Regio Shuttle Typ RS1) zur Probefahrt bei der AKN. Ebenso zur Probefahrt kam ein VT vom Typ Gtw 2/6 auf der AKN zum Einsatz. Auch der Wiebe-Umbauzug mit Wiebe V 4

Ahaus-Alstätte: DB AG-Triebwagen VT 628 und AAE-Diesellok ALSTÄTTE II am 16.8.99 in Coesfeld (Westf.) Foto: Dieter Riehemann

Klaus-Joachim Schrader †

Klaus-Joachim Schrader, allen unseren Lesern bekannt durch zahlreiche technische Zeichnungen und Artikel, ist plötzlich und völlig unerwartet am Morgen des 24. Juni 1999 im Alter von nur 65 Jahren gestorben.

Er war nicht nur als Eisenbahnfahrzeugkonstrukteur im Ruhestand ein hervorragender Fachmann auf allen eisenbahntechnischen Gebieten sondern auch ein engagierter Modelleisenbahner, Kleinbahn-Freund und Mitarbeiter der KLEINBAHN seit über dreißig Jahren.

Wir behalten Klaus-Joachim Schrader als liebenswürdigen und freundlichen Mann in Erinnerung, der überall gern gesehen war. Uns verband über dreißig Jahre lang eine Freundschaft auch über das gemeinsame Hobby hinaus. Wir hatten noch viele gemeinsame Ideen, die realisiert werden sollten. Ein tückisches Herzversagen hat allen diesen Plänen ein jähes Ende gesetzt.

Wir trauern um einen Freund. Unser Mitgefühl gehört seiner Frau Helga und den Familien der beiden verheirateten Töchter.

Ingrid und Wolfgang Zeunert

hielt sich anläßlich des Streckenumbaus Lentföhrden-Kaltenkirchen bei der AKN auf.

Das neue Betriebszentrum (Verwaltung und Bw) in Kaltenkirchen wurde im Mai 1998 eingeweiht. Im neuen größeren Bw werden seit August 1998 in Gleis 23 S-Bahn Züge für die S-Bahn Hamburg GmbH fertiggestellt (Elektronik).

Im Industriestammgleis der Stadt Kaltenkirchen hat die Firma Spitzke, Eisenbahnbau, einen Gleisanschluß. Seit Herbst 1997 besitzt die Firma auch Schienenfahrzeuge. Von der ehemaligen DR kaufte sie einen SKL mit Anhänger sowie drei Dieselloks der Baureihe 202. Eine (ex 202 846) ist aufgearbeitet und fahrbereit als Sp 1. Eine weitere Lok wurde mittlerweile auch aufgearbeitet und die dritte Lok dient als Ersatzteilspender. Die Sp 1 wird im Bauzugdienst in ganz Deutschland eingesetzt.

Heinz Werner Rehder

Albtal-Verkehrs-Gesellschaft mbH
Nb. Bruchsal-Menzingen-Odenheim

Am 12.6.98 stießen auf der Strecke Ubstadt-Odenheim die beiden NE´81-Triebwagen VT 453 und VT 454 der AVG zusammen. Als Folge waren nicht nur 42 Verletzte zu beklagen sondern der Ausfall der beiden schwer beschädigten Dieseltriebwagen führte zu einer Einstellung des Zugbetriebes auf der Odenheimer Strecke, die sich ohnehin in Umstellung auf elektrischen Stadtbahnbetrieb befand. Am 14.9.1999 bzw. zum Fahrplanwechsel am 27.9.99 wurde schließlich der Stadtbahnbetrieb aufgenommen, so daß jetzt das gesamte ehemalige Bruchsaler SWEG-Netz elektrisch betrieben wird. Derzeit gibt es aber im morgendlichen Schülerverkehr weiterhin noch einen Dieselzug Odenheim-Ubstadt-Ort (zurück als Leerfahrt), der aus dem Esslinger VT 452 (ex VT 108 SWEG) plus einem der ex SWEG-NE´81-VS 470 oder 471 gebildet wird.

Total verändert hat sich das Gelände am Endpunkt Odenheim. Neben einer völligen Umgestaltung der Gleisanlagen und Bahnsteige wurde nicht nur das ehemalige Bw abgerissen sondern auch das Bahnhofsgebäude. Zwischen der früheren Ausfahrt Richtung Odenheim Ost/Tiefenbach und dem einstigen Standort des Empfangsgebäudes entstand aber ein optisch durchaus ansprechendes neues Bahnhofsgebäude (mit Warteräumen, Kiosk, Café und Uhrenturm!), bei dem viel Holz als Baumaterial verwendet wurde.

Dieter Riehemann

Almetalbahn (AHE)

Fast eine Art Schattendasein führt die Almetalbahn, welche von der Arbeitsgemeinschaft Historische Eisenbahn als eine Museumseisenbahn im weiteren Umland Hildesheims betrieben wird. Im Kursbuch der DB AG wird die Museumseisenbahn nicht geführt, In Eisenbahnzeitschriften liest man nur selten über sie. Ganz zu Unrecht, denn die

Ahaus-Alstätte: Diesellok ALSTÄTTE II am 16.8.99 in Alstätte.

Foto: Dieter Riehemann

Museumsbahn hat allerhand zu bieten. Die Strecke der Almetalbahn schließt an die KBS 253 in Bodenburg an. Die AHE fährt von Bad Salzdetfurth bis Bodenburg im Dieselbetrieb auf DB-Gleisen. Ab Bodenburg übernimmt eine Dampflok auf eigenen Gleisen bis Almstedt-Segeste den Zug. Der Dieselbetrieb war nur mit Hilfe der Stadt Salzdetfurt möglich, denn die DB AG verlangte für einen Betriebstag über DM 1000,00, ein für eine Museumsbahn horrender Betrag. Kurz hinter Almstedt-Segeste endet die Bahn an einem Prellbock auf freier Strecke. Bis 1981 konnte man hier noch bis Sibbesse fahren, doch die Neubaustrecke der DB schnitt der AHE dieses Stück ab. Die Strecke führte ehemals sogar noch weiter bis nach Gronau/Leine und von dort bis nach Elze (Nordsüdstrecke), doch die Strecke bis Gronau ist längst abgebaut. Landschaftlich gesehen ist die Strecke, die entlang der Alme durch das Leinebergland verläuft, sehr reizvoll.

Die Almetalbahn besitzt 11 Lokomotiven und Triebwagen (Bj. 1884-1953), wovon eine V 20, eine Köf I, eine pr. T 3 und ein VT 95 betriebsbereit sind. Ferner sind vorhanden 16 Personen- und Güterwagen sowie Kleinfahrzeuge der Baujahre 1906-

1942. Prachtstück des Vereins ist die tadellos aufgearbeitete pr.T 3, Baujahr 1901.

Die Fahrzeuge des Vereins sind in Almstedt-Segeste und in Bodenburg im Freien abgestellt. Um diesem Übel ein Ende zu bereiten hat die AHE einen Lokschuppen der ehemaligen Eisenbahn Gittelde-Bad Grund gekauft, der in naher Zukunft in Almstedt wiedererstehen soll. Zwar existiert in Bodenburg noch ein Bw mit dreigleisigem Lokschuppen, Drehscheibe und Wasserturm, doch war der Besitzer nicht bereit zu für den Verein annehmbaren Bedingungen zu verkaufen. Letztes großes Ereignis war die Umsetzung des Empfangsgebäudes in Almstdt-Segeste.

Leider geht es der AHE finanziell nicht gut, denn die dünne Mitgliederschicht kann die Investitionen kaum bewältigen. Aus diesem Grunde wurde erst kürzlich der vereinseigene Wismarer Schienenbus an die DME verkauft. Man kann nur hoffen, daß sich die finanzielle Lage bessert, damit die AHE nicht aus finanziellen Gründen eingestellt werden muß. Das wäre schade, denn es ist eine kleine aber sehr bemerkenswerte und interessante Museumseisenbahn, zu der sich eine Reise immer lohnt.

Kai-Werner Fajga

Nebenbahn Amstetten-Gerstetten

Zum 1.7.1998 zog sich die WEG komplett aus dem Bahnbetrieb zurück. Während die Anliegergemeinden die Gleisanlagen und Gebäude der Bahnstrecke übernahmen, ging die laufende Unterhaltung der Anlagen und die Betriebsführung

für den Güterverkehr und den an bestimmten Wochenenden oder auf Bestellung stattfindenden historischer Reisezugbetrieb der Ulmer Eisenbahnfreunde (UEF) an die zum 1.8.1998 neu gegründete UEF-Eisenbahn-Verkehrsgesellschaft mbH über, deren Gesellschafter neben den Ulmer Eisenbahnfreunden die Albtal-Verkehrsgesellschaft sowie die Gleisbaufirma Leonhard Weiss aus Göppingen sind.

Der Güterverkehr beschränkt sich zunächst weitgehend auf den Anschluß der Bundeswehr bei Stubersheim. Nahe Gussenstadt (am ehemaligen Verladebahnhof der Bundeswehr) soll eine Umschlaganlage für Holzhackschnitzel entstehen. An Triebfahrzeugen stehen der UEF-Eisenbahn-Verkehrsgesellschaft zwei Dieselloks zur Verfügung, und zwar die ex Werksloks 2 (BLAUER KLAUS; B, Deutz 1952/55 414; 107 PS) und 3 (Reservelok; B, Deutz, 140 PS) der Fa. Voith aus Heidenheim.

Dieter Riehemann

AVG Bruchsal-Menzingen-Odenheim: *ET 857 am 18.5.99 in Odenheim.*
Foto: Dieter Riehemann

Augsburger Localbahn GmbH (AL)

Seit 1998 ist die AL im Güterverkehr auf der DB AG-Strecke Augsburg-Kaufering-Landsberg (Lech)-Schongau-Peiting aktiv. Hauptsächliches Aufkommen liefert die Papierfabrik Haindl in Schongau, das Spanplattenwerk in Peiting sowie ein Stahlhändler (Ladestraßenverkehr) in Denklingen. Während der Werksverkehr zwischen den Haindl-Werken Schongau und Augsburg in Eigenregie der AL läuft, wird der übrige Verkehr im Auftrag von DB Cargo abgewickelt. Landschaftlich bieten die befahrenen Strecken nicht immer sehr viel, erst zwischen Landsberg und Schongau (Strecke hat nur noch Güterverkehr) und ab Schongau wird es dann langsam reizvoller. Es fahren montags-freitags in der Regel zwei Zugpaare zwischen Augsburg und Schongau (an Samstagen bei Bedarf ein Zugpaar), die in der Regel mit zwei AL-Loks bespannt sind. Vormittags trennen sich die Loks in Schongau. Während eine Lok die Haindl-Werke bedient, fährt die andere Lokomotive nach Peiting und zurück. Am Nachmittag wird Peiting meistens nicht bedient. Beide Loks bleiben

Weiter auf Seite 8

Almetalbahn: *Preussische T 3 am 22.9.84 vor einem Sonderzug in Bodenburg.*

Almetalbahn: *Kö I 0274 mit einem Personenwagen am 22.9.84 in Bodenburg.*
Fotos (2): Kai-Werner Fajga

AKN: Gtw 2/2 596 673 (Stadler 1997) der Mittelthurgau-Bahn (MThB) anläßlich von Probefahrten am 3.5.97 in Kaltenkirchen.

AKN: ADtranz-Vorführtriebwagen VT 300 (Regio-Shuttle) anläßlich von Probefahrten am 19.4.97 als AKN-Nt 14 in Bad Bramstedt.

AKN/EBO: Diesellok V 20.22 mit Ng 316 am 27.4.98 in Barmstedt.
Fotos (3): Heinz Werner Rehder

DIE KLEINBAHN im Internet:

AKN: *Diesellok V 007 (D-hd; LEW 1977/15628; 600 PS) der Karsdorfer Eisenbahn am 2.6.97 im AKN-Bw Kaltenkirchen.*

Firma Spitzke: *Am 24.6.98 steht im Anschluß am Industriestammgleis der Stadt Kaltenkirchen die Diesellok Sp 1 (ex DR 202 846), eine von drei ex DR-Loks, die von der Firma Spitzke im Bauzugdienst landesweit eingesetzt wird.*

Firma Wiebe: *Der Umbauzug mit Diesellok V 4 anläßlich des Strecken- umbaus Lentföhrden-Kaltenkirchen am 24.6.97 in Kaltenkirchen.*
Fotos (3): Heinz Werner Rehder

http://www.kleinbahn-zeunert.de

Augsburger Localbahn (Landsberg-Schongau): Dieselloks 42 + 41 am 22.9.99 in Schongau.   Foto: Dieter Riehemann

dann beim Rangierdienst in Schongau zusammen. Bei den für diesen Verkehr eingesetzten Lokomotiven handelt es sich um drei von ADtranz aufgearbeitete ex DR-V 100.4, die die AL-Betr.-Nr. 41 und 42 (ausgeliefert 1998) bzw. 43 (ausgeliefert 1999, 1998 ex Harzer Schmalspurbahnen 199 891; ex DR- Normalspurlok 110 891) erhalten haben. Für den Einsatz auf dem Augsburger Stammnetz wurde von der Fa. Allrad-Rangiertechnik eine vierachsige 410 kW-Cargo-Lok mit der Betr.-Nr. 37 beschafft. Ganz entbehrlch wurden die betagten Krauss-Maffei-Stangenloks dadurch aber noch nicht. Sie stehen weiterhin als Betriebsreserve zur Verfügung.   Dieter Riehemann

Bayerische Oberlandbahn GmbH (BOB)

Alle 17 BOB-Triebwagen (VT 101-117), die nach Neulieferungen ab Anfang 1999 nach und nach in Betrieb gegangen sind, schieden zwecks Überarbeitung durch den Hersteller Integral-Verkehrstechnik, Jenbach/Tirol (Österreich) ab dem 28.11.1999 aus dem Betrieb aus. Die neue DEG-Tochter BOB, die vom Bayerischen Staat den Zuschlag zur Abwicklung des Personenverkehrs zwischen München, Bayrischzell, Lenggries und Tegernsee erhalten hatte, hat sich neben einigen sonstigen Anlaufproblemen mit den Integral gründlich blamiert und ist tief in die roten Zahlen gefahren. Die BOB hat durch die Pannenserie selbst in überregionalen Medien erhebliche Aufmerksamkeit erregt und mehrfach den Bayerischen Landtag sowie den Bayerischen Minister-

präsidenten beschäftigt. Besonders die anhaltende Unzuverlässigkeit der Fahrzeuge (es gab Tage, da fielen über 50 % der VT aus) war nun für die Kunden, den Besteller und die BOB nicht mehr tragbar. Man zog die Notbremse und alle Fahrzeuge werden für voraussichtlich mindestens ein Jahr ausser Betrieb gehen. Der Hersteller hat damit die Möglichkeit, einige grundlegende Änderungen durchzuführen und die VT anschließend ausgiebig zu testen.

Damit sind alle anderen angedachten Teillösungen (z.B. Ersatz von ausserhalb der üblichen Taktzeiten verkehrenden Berufsverkehrszüge durch ex dänischen NOHAB-Dieselloks der Norddeutschen Eisenbahn-Gesellschaft mit Reisezugwagen) vom Tisch.

Ab dem 28.11.99 stellt die meisten Ersatzfahrzeuge die Deutsche Bahn AG, und zwar in Form von Dieselloks der BR 218 mit Nahverkehrswagen. Zu diesem Zweck wurden bereits von Stendal die 218 151, 152, 157 und 158 sowie von Lübeck die 218 123 und 124 nach Mühldorf umstationiert. Es ist davon auszugehen, dass die DB AG künftig auch Mitgesellschafter bei der BOB wird.

Der derzeitige BOB-Fahrplan mit seinen mehrteiligen Integral-Zügen zwischen München und Holzkirchen bzw. Schaftlach (in Holzkirchen bzw. Schaftlach jeweils Flügelung nach/von Schliersee-Bayrischzell bzw. Tegernsee und Lenggries) ist mit den DB AG 218-Zügen nicht haltbar und wird komplett neu strukturiert. Nach Tegernsee gelangt man grundsätzlich nicht mehr ohne Umsteigen; zwischen Schaftlach und Tegernsee wird ein

Triebwagenpendel eingerichtet (geplant war die hierfür die Anmietung von NE 81´-VT der WEG sowie von zweiachsigen DWA- Leichttriebwagen des Typs LVT/S).

Erste Konsequenz der BOB-Muttergesellschaft DEG, die künftig auch noch in anderen Regionen Nahverkehrsleistungen mit fabrikneuen (und bisher unerprobten) Triebwagen übernehmen wird, ist, dass man den Start der NordWestBahn, Osnabrück, (hier sollen wie bei der NordOstseeBahn in Schleswig-Holstein LINT-Triebwagen zum Einsatz kommen) auf Ende 2000 verschoben hat und ausserdem für die neuen Töchter zwei Wendezuggarnituren von der DB AG (ex »Wiesbaden-City«) als DEG-Reservebestand erworben hat. Für die Wendezüge sucht man noch nach passenden Lokomotiven. Dieter Riehemann

Nebenbahn Amstetten-Gerstetten: *Diesellok 2 BLAUER MAX am 16.5.98 in Amstetten. Links im Bild die Anlagen der DB AG.*

Bentheimer Eisenb. AG

Am 23.5.1997 wurde im Bereich eines Industriegebietes am südlichen Stadtrand Nordhorns der neue BE-Betriebshof für den Eisenbahn- und Busbetrieb in Betrieb genommen. Damit verlor u.a. das traditionelle Eisenbahn-Bw in Neuenhaus alle seine Funktionen. Am neuen Betriebshof ist genügend Platz für spätere Erweiterungen. Mittelfristig sollen hier auch sonstige im Raum Nordhorn geplante Güterverkehrsaktivitäten (wie z.B. Bau eines Frachtzentrums und/oder einer KLV-Umschlaganlage) konzentriert werden. Der neue Betriebshof verursachte Baukosten in Höhe von 18 Mio. DM. Das Verwaltungsgebäude schaffte dabei auch Platz für einen großen Teil des Verwaltungspersonals der BE-Direktion.
Dieter Riehemann

Augsburger Localbahn (Landsberg-Schongau): *Dieselloks 42 + 43 mit Güterzug am 23.9.99 zwischen Hohenfurch und Kinsau.*

Butzbach-Licher Eisenbahn (BLE)

Nach über zwanzig Jahren ist die BLE seit dem 25.5.1998 wieder im Schienenpersonennahverkehr tätig, allerdings nicht auf eigener Strecke, sondern im Auftrage der Muttergesellschaft Hessischen

Augsburger Localbahn (Landsberg-Schongau): *Dieselloks 41 + 42 am 22.9.99 mit Güterzug zwischen Schongau und Hohenfurch.* *Fotos (3): Dieter Riehemann*

Bayerische Oberlandbahn: *VT 107 am 15.11.99 in Bad Tölz.*

Bayerische Oberlandbahn: *VT 102 am 14.11.99 in Tegernsee*

Bentheimer Eisenbahn: *Der neue Betriebshof Nordhorn-Blanke mit den Dieselloks D 22 und D 24 (links) sowie zwei Köf und D 21 (rechts).* Fotos (3): Dieter Riehemann

Landesbahn (HLB) auf der DB AG-Strecke Friedberg-Friedrichsdorf. Auf dieser Relation, deren Infrastruktur in den nächsten Jahren möglicherweise auch von der HLB übernommen wird, fahren BLE-Triebwagen nun das gesamte Schienenverkehrsangebot. Bis die dafür von der HLB bestellten Triebwagen (GTw 2/6) eintrafen mußte die BLE (ähnlich wie das Schwesterunternehmen KNE) etwas improvisieren. So waren in den ersten Wochen FKE-Triebwagen sowie geliehene Regio-Shuttle der Fa. ADtranz für die BLE im Einsatz, die dann aber komplett durch fünf Leihtriebwagen des Typs LVT/S der Fa. DWA (Betriebsnummern VT 504 001-005) ersetzt wurden.

Fahrplanmäßig werden zwei Umläufe mit je zwei LVT/S benötigt; ein VT steht in Reserve. Beheimatet sind die VT in Butzbach Ost; die Zuführung von/nach Friedberg geschieht aber nicht über die eigene Strecke via Bad Nauheim-Griedel, sondern zwischen Butzbach und Friedberg komplett über die DB-Hauptbahn.

Nachdem die BLE bereits seit Mai 1998 den gesamten Personenverkehr auf der DB-Strecke Friedberg-Friedrichsdorf abwickelte, kamen zum Fahrplanwechsel Mai 1999 die Strecken von Friedberg über Beienheim nach Nidda bzw. Hungen (ausgenommen die zwei weiterhin von der DB betriebenen durchgehende Zugpaare Nidda-Frankfurt Hbf) hinzu. Nach anfänglichen technischen Problemen mit den neuen Triebwagen des Typs GTW 216, die zu einigen Improvisationen mit Triebwagen der FKE führten, sind nun alle Leistungen in Hand der der BLE zugewiesenen elf HLB-Neubaufahrzeuge mit den Betriebsnummern VT 509 104-107 und 509 109 115 (VT 508 101-103 = KNE; VT 509 108 = FKE für Frankfurt-Höchst – Bad Soden).

Da Diesellok V 32 (V 100 PA; ex Hersfelder Eisenbahn) im Sommer 1999 schadhaft abgestellt werden musste, stehen der BLE nur noch die beiden ex Siegener Jung-Loks V 13 und V 17 zur Verfügung. Damit ist auch die Güterzugleistung auf der DB-Hauptstrecke zwischen Friedberg und Butzbach entfallen, da die Jung-Loks technisch nicht für solche Planfahrten über DB-Hauptstrecken ausgerüstet sind. Ob die V 32 repariert wird, war im Herbst 1999 noch nicht entschieden. Dieter Riehemann

Eine ungewöhnliche Probefahrt

»Dieser Schrotthaufen kommt nie wieder auf die Buxtehude-Harsefelder Eisenbahn!« Mit diesen Worten verabschiedete der damalige Betriebsleiter der BHE den arg heruntergekommenen VB 801, als dieser per Tieflader im Januar 1986 zum Stader Technik- und Verkehrsmuseum gebracht wurde. Sein Orakel bewahrheitete sich, denn als der Beiwagen etwa elf Jahre später in frischem Glanz wieder im Harsefelder Betriebswerk eintraf, gab es die BHE nicht mehr.

Der besagte Beiwagen wurde 1932 von der WUMAG in Görlitz in Schweißbauweise hergestellt und kam mit der Betriebsnummer 909 an die Deutsche Reichsbahn-Gesellschaft, die ihn mit den Triebwagen der Baureihe 79 im Direktionsbezirk Regensburg einsetzte. Er überstand den Zweiten Weltkrieg und blieb bei der Deutschen Bundesbahn als VB 140 009 im aktiven Bestand. Die BHE kaufte den Wagen 1961 um ihn als VB 801 im Personenverkehr zwischen Buxtehude und Harsefeld zu verwenden. Nach der Verlagerung des Betriebes auf den Bus im Jahr 1969 wurde der Beiwagen nicht mehr gepflegt und 1975 ausgemustert. Auf einem Abstellgleis in Buxtehude Süd diente er mit zugeschweißten Fenstern und popfarbig angestrichen als Jugendraum. Seine Benutzer demolierten seine Inneneinrichtung bis zur Unkenntlichkeit und überließen dann die Reste einem ungewissen Schicksal.

1985 kaufte der Hamburger Architekt Peter Schütt das technikgeschichtlich bedeutsame Fahrzeug, um es im Stader Technik- und Verkehrsmuseum gründlich zu restaurieren. Unter größtem persönlichen und finanziellen Einsatz gelang ihm und seinen Helfern in elfjähriger

HLE/Butzbach-Licher Eisenbahn: VT 508 115 (vorn) und FKE-VT 71 am 12.6.99 in Friedberg. Fotos (3): Dieter Riehemann

HLE/Butzbach-Licher Eisenbahn: VT 508 115 am 24.9.99 in Nidda.

HLE/Butzbach-Licher Eisenbahn: DWA-Leihtriebwagen VT 504 004 und 504 002 am 16.9.98 in Butzbach Ost.

Arbeit die Wiedergeburt des »140009 Regensburg«. Die bahnamtliche Zulassung machte keine Schwierigkeiten, zumal die Fachleute von der Qualität der Aufarbeitung tief beeindruckt waren. Per Einstellungsvertrag kam der Beiwagen zu den Eisenbahnen und Verkehrbetrieben Elbe-Weser und bildet jetzt mit dem WUMAG-Triebwagen 761 Nürnberg den Harsefelder Museumszug, der von den Buxtehude-Harsefelder Eisenbahnfreunden gepflegt wird.

Am 7.8.98 startete das Gespann zu einer zehntägigen »Probefahrt« durch das ehemalige Ostpreußen. Auf der ca. 2.100 Kilometer langen Reise besuchte der »Kurier Mazurski« die Städte Kostrzyn (Küstrin), Gorzow (Landsberg), Pila (Schneidemühl), Tczew (Dirschau), Malbork (Marienburg), Olsztyn (Allenstein), Mikolajki (Nikolaiken), Frombork (Frauenburg), Braniewo (Braunsberg), Kaliningrad (Königsberg), Eiblag (Elbing), Gdansk (Danzig), Stargard und Sczecin (Stettin). Für den WUMAG-Triebwagen war es eine Reise in die Vergangenheit, denn die Deutsche Reichsbahn-Gesellschaft hatte ihn vor siebzig Jahren fabrikneu vom Bw Allenstein aus im Personennahverkehr eingesetzt. So waren der Fotohalt auf dem Alle-Viadukt und die Ankunft im Königsberger Hauptbahnhof besondere Höhepunkte.

Dank der guten Vorbereitung durch die Organisatoren und Techniker der Buxtehude-Harsefelder Eisenbahnfreunde und der Eisenbahnen und Verkehrsbetriebe Elbe-Weser sowie der hervorragenden Betreuung durch das polnische Reisebüro WAST und die polnische Staatsbahn PKP verlief die Fahrt ohne Zwischenfälle. Der »neue« Beiwagen bestand diese Probefahrt glänzend.

Dieter Theodor Bohlmann

Reise nach Polen: Nach elf Jahren Aufarbeitung hebt im Mai 1997 in Deinste ein Mobilkran den VB 801 wieder auf das Gleis.

Reise nach Polen: Der Harsefelder Museumszug passiert ein aus deutscher Zeit stammendes Flügelsignal.

Reise nach Polen: Tanken in Pila. Weil die poln. Pistole nicht in den VT-Stutzen passte rettete ein Stück Zwischenschlauch.

Reise nach Polen: Der Harsefelder Museumszug am 8.8.97 bei Mohrungen/Masuren.

Reise nach Polen: *Dieter-Theodor Bohlmann (links) und Peter Schütt vor dem Wrack des VB 801.*

Reise nach Polen: *Harsefelder Museumszug mit dem restaurierten VB 801 kreuzt mit der PKP-OL 49 71 am 16.8.99 in Pönitz*

Reise nach Polen: *Nach 70 Jahren steht der WUMAG-VT wieder auf dem Alle-Viadukt in Allenstein.*

Reise nach Polen: *Harsefelder Museumszug am 12.8.99 im Königsberger Hauptbahnhof (jetzt Kaliningrad/Russland).*

Dortmund-Märkische: VT-Zug 1 am 7.8.99 in Brügge (Westf).   Foto: Dieter Riehemann

Delmenhorst-Harpstedter Eisenbahn GmbH (DHE)

Die zum 1.1.1999 von der Stadt Delmenhorst bzw. Gemeinde Lemwerder gekaufte DB-Güterstrecke Delmenhorst-Lemwerder wurde zum gleichen Zeitpunkt der Delmenhorst-Harpstedter Eisenbahn (DHE) zur Betriebsführung übergeben. Güterverkehr findet augenblicklich nur sporadisch zu drei Kunden im Raum Hasbergen (Volumen: 2000-3000 Tonnen/Jahr) statt, nach Lemwerder wird z.Zt. überhaupt nicht gefahren.

Auf der Stammstrecke fährt die DHE neuerdings auch Müllcontainer auf der Schiene, die im Bereich Annenheide verladen werden. Dies ist immerhin ein kleiner Ausgleich für die weggefallenen Containertransporte von Thedinghausen nach Heiligenrode.

Die für den Binnenverkehr zwischen einem Lebensmittelhersteller in Delmenhorst und einem Kühl- und Lagerhaus bei Annenheide vorgehaltenen eigenen Schiebewandwagen wurden inzwischen abgestellt und Anfang 1999 durch acht Kühlwagen (ex Interfrigo Basel/SNCF) ersetzt.

Dieter Riehemann

Dortmund-Märkische Eisenbahn GmbH (DME)

Obwohl die geplante Betriebsaufnahme der DME auf der Strecke Dortmund-Herdecke-Hagen-Brügge-Lüdenscheid (Vollmetalbahn) bereits vom 1.1.98 auf den 1.1.99 verschoben worden war, waren auch zu diesem Termin die vier bestellten dreiteiligen Talent-Triebzüge von Talbot noch nicht ausgeliefert. Zum 1.1.99 mußte die DME den Verkehrsvertrag dann aber erfüllen und die DB AG (gegen Entgelt) bitten, die Vollmetalbahn weiterhin mit ihren Triebwagen der BR 628 im Auftrag der DME zu bedienen. Ab Fahrplanwechsel am 30.5.99 übernahmen dann die neuen DME-Triebwagen alle Zugleistungen zwischen Dortmund und Lüdenscheid.

Zwar gab es mit den Fahrzeugen anfänglich auch einige technische Störungen und Pannen, im allgemeinen lief der Start aber durchaus zufriedenstellend.

Von den vier Triebwagen werden drei umlaufmäßig benötigt, einer ist als Reserve- und Verstärkungswagen äußerst knapp.

Die einzelnen Fahrzeuge der mit 2x 15 kW motorisierten Triebzüge (je zwei Triebwagenköpfe und ein Mittelwagen) tragen besondere Betriebsnummern:

Zug 1: VT 01. 101 + VM 01.301 + VT 01.201 (Bombardier/Talbot 1999/19014-19016)
Zug 2: VT 01.102 + VM 01.302 + VT 01.202 (Bombardier/Talbot 1999/19017-19019)
Zug 3: VT 01. 103 + VM 01.303 + VT 01.203 (Bombardier/Talbot 1999/19020-19022)
Zug 4: VT 01.104 + VM 01.304 + VT 01.204 (Bombardier/Talbot 1999/19023-19025)

Die Fahrzeuge haben Toilettenanlagen und sind mit 133 Sitz- (davon 16 in der 1. Klasse) bzw. 150 Stehplätzen ausgestattet.

Der Einbau von Fahrscheinautomaten erfolgte im

Delmenhorst-Harpstedt:Diesellok V 9 am 29.5.99 mit Müllzug in Annenheide.　　　　　　　Foto: Dieter Riehemann

Sommer 1999, zunächst bleiben aber die Automaten an den Stationen noch erhalten.

Die tarifliche Situation auf der Vollmetalbahn ist allerdings sehr unglücklich und für Fremde nur im zweiten Anlauf durchschaubar, liegt doch der Abschnitt Dortmund-Hagen-Rummenohl im Tarifgebiet des Verkehrsverbundes Rhein-Ruhr, während von Rummenohl bis Lüdenscheid die völlig anderen Tarife des Verkehrsverbundes Ruhr-Lippe gelten.

Die DME fährt (wie die DB) im Stundentakt auf der inzwischen überwiegend eingleisigen und landschaftlich recht reizvollen Vollmetalbahn. Kreuzungsbahnhöfe sind Herdecke und Rummenohl, in Brügge wird die Fahrtrichtung gewechselt.

Für Fotografen: Leider sprießt die Vegetation recht üppig am Bahndamm, und durch die Rückbaumaßnahmen sieht es links und rechts der Strecke bzw. Stationen manchmal etwas »wüst« aus.

Von dem einst ansehnlichen Endbahnhof Lüdenscheid mit Übergang zur Kreis Altenaer Eisenbahn ist einzig das am Hausbahnsteig endende Gleis übrig geblieben - keine einzige Weiche, kein einziges Nebengleis gibt es mehr!

Ein kleines Kleinod ist dagegen der Bahnhof Brügge mit seinem Reiterstellwerk.

DME und DB AG wollen künftig mehr kooperieren und nicht konkurrieren. Gemeinsam soll die Entwicklung eines Hybrid-Triebwagens vorangebracht werden.

Es wäre auch denkbar, daß die DME künftig den Betrieb zwischen Dortmund und Iserlohn im Auftrag der DB übernimmt　　　Dieter Riehemann

Deutsche Regionalbahn GmbH (DR)

Am 1.1.99 wurde von der DB AG die Strecke Beeskow-Herzberg (Elster)-Stadt (KBS 206.42/ 206.43) übernommen.

Die an die einhundert Kilometer lange ehemalige Niederlausitzer Eisenbahn ist eine direkte Bahnverbindung der Kreisstädte Beeskow, Lübben und Herzberg.

Übergänge zur DB AG gibt es in Beeskow, Lübben, Uckro und Herzberg.

Die DR will auf der Strecke Güterverkehr und auf einigen Abschnitten eventuell auch Personenverkehr anbieten.

Deutsche Regionalbahn GmbH
Dessau-Wörlitzer Eisenbahn

Zwei tägliche Reisezugpaare fuhren 1998 wieder an jedem Mittwoch, Samstag und Sonntag in der Zeit vom 2.4. bis 2.11. (vom 23.7. bis 02.9. täglich) zwischen Dessau-Wörlitzer Bf und Wörlitz.

Durch den maroden Zustand der Strecke (Gleiskörper und Brücken) war es lange zweifelhaft, ob 1998 überhaupt gefahren würde. Zum Saisonbeginn erbrachte der von der Kreisbahn Mansfelder Land geliehene VT 406 die Zugleistungen, dann kam aber wieder die schon 1997 eingesetzte Schienenbusgarnitur VT 204 und VS 251 (ex Dürener Kreisbahn) zum Einsatz.

　　　　　　　　　　　　　　Dieter Riehemann

Deutsche Regionalbahn (Dessau-Wörlitzer Eisenbahn): VT 204 + VS 251 fährt am 11.7.98 in Dessau-Wörlitzer Bahnhof ein.

Dürener Kreisbahn: VT 6.007-1 nach Mönchengladbach am 18.7.98 in Rheydt Hbf.

Dürener Kreisbahn: VT 6.007-1 am 18.7.98 im Bahnhof Wegberg.

Fotos (3): Dieter Riehemann

Verkehrsbetriebe Elbe-Weser GmbH (EVB)

Seit Anfang 1998 erhält ein Getränkehersteller im Industriegebiet Buxtehude regelmäßig Kesselwagen mit diversen edlen Tropfen, so daß zwischen Bremervörde und Buxtehude wieder einigermaßen verläßlich EVB-Güterzüge zu sehen ist.

Die seit 21.6.1995 angemietete DB-Lok 216 067 wurde nach ca. zweieinhalb Jahren Mietdauer an die DB zurückgegeben und am 2.3.1998 in ihre Heimat nach Osnabrück überführt.

Soweit die EVB Containerzüge zu bespannen haben, erledigen das nun ausschließlich die ex DB-211 der EVB, von denen eine in Zeven stationierte Lok durch die in Stade frei gewordene V 283 ersetzt werden konnte.

Mindestens zwei ihrer ex DB-211 werden die EVB remotorisieren und mit Vielfachsteuerung ausrüsten. Zunächst erhielt die V 285 im Frühjahr 1998 einen neuen Caterpillar-Motor.

VT 154 war im Frühjahr 1998 der letzte EVB-Triebwagen, der noch keinen neuen Anstrich erhalten hatte.

Der knapp bemessene Triebwagenbestand macht immer wieder den Planeinsatz der Uerdinger-Schienenbusse VT 166 und 168 erforderlich.

Seit dem Fahrplanwechsel Frühjahr 1998 kreuzten die Taktreisezüge in Harsefeld, Bremervörde und Geestenseth (somit Wegfall der Kreuzungen in Apensen und Hesedorf), so daß »Uerdinger« bei Bedarf nicht mehr zwischen Bremerhaven Hbf und Hesedorf, sondern nur noch zwischen Bremerhaven und Bremervörde (hier umsteigen in jeweils wendenden Gegenzug) pendelten.

Von der DB AG haben die EVB einen weiteren Schwerkleinwagen übernommen, und zwar den ex DB-Skl 53 0019. Das Fahrzeug erhielt den aktuellen EVB-Anstrich und die EVB-Betriebsnummer 505. Es ging am 25.11.1998 in Betrieb.

An einigen Sonntagen wurde 1999 unter Federführung des VCD sowie Beteiligung kommunaler Organe und Einrichtungen

Personenzugfahrten zwischen Bremervörde und Bremen Hbf über Gnarrenburg-Worpswede angeboten und durchgeführt. Die in der Regel aus der dreiteiligen Schienenbusgarnitur (VT 166 + VS 116 + VT 168) und EVB-Fahrradwagen (G-Wagen) 556 und 558 gebildeten Züge waren gut besetzt, werden aber wohl nicht dazu beitragen, daß sich mittelfristig für die von vielen Seiten gewünschte Wiederaufnahme des regulären Schienenpersonenverkehrs auf der alten BOE ein Besteller findet.

Für den überwiegend auf DB-Gleisen abgewickelten Güterverkehr hat die EVB 1999 eine der berühmten V 200-Lokomotiven der ehemaligen Deutschen Bundesbahn erworben. Bei der Lok (sie erhält voraussichtlich EVB-Betriebsnummer 288) handelt es sich um die 1957 von Krauss-Maffei unter der Fabr.-Nr. 18297 gebaute DB V 200 053/220 053. 1987 wurde die Lok an die Schweizerische Bundesbahnen verkauft (dort Am 4/4 18466) und ging von dort im Jahr 1997 an die GES Stuttgart. Die Lok soll eine Generalüberholung erhalten und wird wohl erst im Jahr 2000 ihre ersten Fahrten unter EVB-Flagge absolvieren.

Weiteres Aufsehen erregte die EVB mit dem ab 28.6.1999 für die Spedition Eurokombi durchzuführenden Containerzuges Hamburg-München und zurück via Bremen/Bremerhaven. Gefahren wird überwiegend nachts, und zwar montags, mittwochs und freitags ab Hamburg und dienstags, donnerstags und samstags ab München. Den zunächst für ein Jahr geplanten und aus Wagen der Ahaus-Alstätter Eisenbahn (AAE) gebildeten Zug bespannen die EVB mit der angemieteten »Eurosprinter«-Versuchslok (gebaut 1992 von Siemens/Krauss-Maffei und bei der DB mit der Bezeichnung 127 001 erprobt). Damit ist erstmals eine NE-Bahn mit Elloks überregional auf den Strecke der DB Netz AG unterwegs.

Dieter Riehemann

Erfurter Industriebahn GmbH (EiB)

Das Land Thüringen hatte die EiB mit Durchführung der Regional-

Dortmund-Märkische: VT-Züge 1 (links) und 2 am 7.8.99 bei der Kreuzung im Bahnhof Rummenohl.

EVB: SKL 505 am 29.5.98 in Bremervörde Süd.

EVB: Von links VT 152 nach Bremerhaven, VT 150 nach Hamburg, VT 168 + VS 115 + Fahrradwagen 556 + 558 nach Bremen sowie ein abgestellter VT am 27.6.99 im Bahnhof Bremervörde. Fotos (3): Dieter Riehemann

EVB: *Diesellok V 282 II am 14.2.98 in Bremervörde Süd.*

Erfurter Industriebahn: *VT 002 nach Leinefelde (links) kreuzt am 14.9.98 in Döllstädt mit VT 005 nach Erfurt.*

Erfurter Industriebahn: *VT 002 (rechts) und VT 004 kreuzen am 14.9.98 in Mühlhausen (Thür).* *Fotos (3): Dieter Riehemann*

bahnzüge auf der DB AG-Strecke Erfurt-Döllstädt-Bad Langensalza-Mühlhausen(Thür.)-Leinefelde beauftragt. Seit dem 24.5.1998 fuhr die EiB nun mit den 1998 von ADtranz gebauten und ausgelieferten fünf Regio-Shuttles (EiB-Betriebsnr. VT 001-005; F.Nr. 36 777-36 781) diesen Verkehr. Die DB AG stellte weiterhin die RE-Züge in der Relation (Erfurt-Gotha-) Bad Langensalza-Leinefelde (Zweistundentakt).

Während zwischen Mühlhausen und Leinefelde in der Regel ein Zweistunden-Regionalbahntakt den Verkehrsbedürfnissen genügt, ist der Fahrplan zwischen Erfurt und Mühlhausen auf einen Stundentakt verdichtet.

Seit dem Fahrplanwechsel am 30.5.99 beginnen/enden die Züge der Erfurter Industriebahn (EiB) nach/aus Erfurt nicht mehr in Leinefelde, sondern fahren im Zweistundentakt in der Kombination VT+VT über Eichenberg und Hann.Münden bis/ab Kassel-Wilhelmshöhe. Da für diese Verkehrsausweitung der vorhandene Triebwagenpark zahlenmäßig nicht ausreichend war, gab es Zuwachs in Form von drei weiteren Triebwagen (Betr.-Nr. VT 006-008; ADtranz 1998/36786-36788). Die VT 006-008 wurden von der Fa. RailCharter GmbH erworben, die diese (hier VT 301-303 bezeichneten) Fahrzeuge bisher an die Hessische Landesbahn zum Einsatz bei der Kassel-Naumburger Eisenbahn auf der Linie (Kassel-) Wabern-Bad Wildungen verliehen hatte. Die HLB/KNE hat nun eigene fabrikneue GTW 2/6-Triebwagen bekommen und konnte auf die Leihfahrzeuge verzichten.

Dieter Riehemann

Verkehrsbetriebe Extertalbahn (VBE)

Nach Einstellung des DB-Güterverkehrs auf der Strecke Lemgo-Barntrup am 30.6.99 findet auch auf der elektrifizierten Extertalbahn kein Güterverkehr mehr statt.

Genthiner Eisenbahn AG

Nachdem das Land Sachsen-Anhalt zum Fahrplanwechsel ab

30.5.1999 den Schienenpersonenverkehr Güsen-Ziesar, Güsen-Jerichow und Genthin-Jerichow-Schönhausen (Elbe) mit rund 75 km Streckenlänge abbestellte, endete der Bahnbetrieb auf den letzten noch erhalten gebliebenen Kleinbahnlinien der nach dem Zweiten Weltkrieg verstaatlichten Genthiner Eisenbahn AG.

Da außer im Stadtbereich Genthin nur noch von Güsen in Richtung Jerichow (bis Ferchland) bescheidener Güterverkehr stattfand wurden alle Strecken mittlerweile von der DB AG zur Übernahme durch Dritte ausgeschrieben. Es ist nicht zu erwarten, daß jemand ernsthaft die Infrastruktur weiterbetrieben will. Die Region ist einfach zu strukturschwach und das Reisendenaufkommen war tatsächlich erschreckend gering. Auf allen drei Strecken kamen kaum hundert Fahrgäste am Tag zusammen. Am Angebot lag dies sicher nicht, denn die LVT der DB AG fuhren täglich (ausgenommen Jerichow-Schönhausen, nur Mo-Fr) im Zweistundengrundtakt (Taktverdichtungen zwischen Genthin und Jerichow im »Berufsverkehr«) und mit guten Anschlüssen in Güsen, Genthin und Sandhausen.

Bis zuletzt bewahrten die Strecken aber ein typisches Kleinbahnflair. An den Übergangsstationen zum übrigen DB AG-Netz (Genthin, Güsen und Schönhausen) waren unverändert die separaten Kleinbahnhöfe in unmittelbarer Nachbarschaft zu den »Staatsbahnhöfen« in Betrieb und am Betriebsmittelpunkt Jerichow zeugte das noch aus Kleinbahnzeiten stammende große Bw (zu DDR- Reichsbahnzeiten eine eigenständige Dienststelle) von der einstigen Bedeutung der Genthiner Eisenbahn. Die Bahngesellschaft betrieb einst noch weitere Strecken in der Region, die ein zusammenhängendes Netz mit an die 154 km Länge bildeten.

Ein kurzer Abriß der Geschichte: Die Genthiner Eisenbahn AG (zunächst Kleinbahn Genthin AG) entstand 1923 durch Fusion der Ziesarer Kleinbahn AG (mit den Strecken Großwusterwitz-Rogäsen-Ziesar, Rogäsen-Karow,

Erfurter Industriebahn: VT 003 + VT 007 am 26.6.99 in Hann.Münden.

Erfurter Industriebahn: VT 004 + VT 005 am 26.6.99 in Witzenhausen Nord.

DB AG/Halberstadt-Blankenburg: 171 011 als vor Reginonalbahnzug am 28.3.99 im Bahnhof Königshütte.   Fotos (3): Dieter Riehemann

Genthiner Klb.: *DB AG 771 027 am 22.4.99 vor dem Bw Jerichow.* Foto: Dieter Riehemann

Ziesar-Görzke, Ziesar-Güsen und Güsen-Jerichow) mit der Genthiner Kleinbahn AG (mit den Strecken Genthin-Jerichow-Schönhausen, Schönhausen-Sandau und Genthin-Milow). Anschlüsse zur Staatsbahn bestanden in Großwusterwitz, Genthin, Güsen und Schönhausen, darüber hinaus bestand in Ziesar Umsteigegelegenheit zur schmalspurigen Strecke der Kleinbahn des Kreises Jerichow 1 Richtung Magdeburgerforth (und weiter direkt nach Burg bzw. über Groß Lübars nach Burg bzw. Gommern).

Die einzelnen Strecken erlitten folgendes Schicksal:

Großwusterwitz-Rogäsen-Ziesar: Einstellung des Personen- und Güterverkehrs 1970, seither »ruhender Betrieb«; 1998 zur Übernahme durch Dritte ausgeschrieben.

Rogäsen-Karow: 1951 stillgelegt und anschließend demontiert.

Ziesar-Görzke: 1973 Einstellung des Personenverkehrs, 1994 Einstellung des Güterverkehrs. 1996 offizielle Stillegung; zum Abbau vorgesehen.

Ziesar-Güsen: 1.1.99 Einstellung Güterverkehr, 29.5.99 Einstellung Personenverkehr Güsen-Jerichow. 1935 Einstellung des Personenverkehrs und Bedienung mit Straßenbussen, 1939 Personenverkehr wieder eingerichtet. 1994 Einstellung Güterverkehr im Abschnitt Ferchland-Jerichow; 29.5.1999 Einstellung Personenverkehr.

Genthin-Jerichow-Schönhausen: 1994 Einstellung Güterverkehr; 29. bzw. 28.5.99 Einstellung Personenverkehr Schönhausen-Sandau. 1993 zunächst Einstellung Güterverkehr, kurz darauf (2.8.93) Unterbrechung der Strecke durch Neubau der Schnellfahrstrecke Hannover-Berlin (Abtragung der Brücke bei Schönhausen über die Hauptbahn) und Schienenersatzverkehr mit Omnibussen. Brücke wurde nicht wieder aufgebaut und Schienenersatzverkehr 1996 eingestellt; offizielle Stillegung erfolgte 1997.

Genthin-Milow: 1967 Personenverkehr eingestellt, 1971 Güterverkehr eingestellt (Abschnitt bis Brettin in Anschlußgleis umgewandelt).

Dieter Riehemann

Gräfenbergbahn

Nach einjähriger Oberbausanierung wurde am 10.9.99 der Personenverkehr zwischen Nürnberg Nordost und Gräfenberg wieder aufgenommen. Im Auftrag fährt die DB AG derzeit noch mit Wendezügen, die an beiden Zugenden mit einer 211/212/213 bespannt sind, um zur Einhaltung des Zeittaktes das Umsetzen der Lokomotive in den Endbahnhöfen zu ersparen.

Schon am 14.9.99 kam es im Bahnhof Gräfenberg zu einem Auffahrunfall, bei dem 213 337 vor einem Leerzug mit den hier stehenden Regionalzug mit 211 069 + 212 284 kollidierte. Unfallursache war eine falsch gestellte Weiche. Der Sachschaden betrug etwa DM 200.000,00. Martin Zeunert

Häfen und Güterverkehr Köln (HGK)

TFG Transfracht International betreibt in Zusammenarbeit mit den Bahnunternehmen HGK (Deutschland) und ShortLines (Niederlande) einen

Containerzugverkehr von Containerterminals in Rotterdam zum HGK-Hafen in Köln-Niehl.

In dem grenzüberschreitend durchgehenden Verkehr werden die HGK-Loks DE 11, DE 12 und DE 13 eingesetzt.

Die HGK testet die beiden dieselelektrischen Lokomotiven DE 61 und DE 62. Sie stammen aus einer Lieferung von 14 Loks des Typs JT42CWR, welche die Electro Motive Division (EMD) von General Motors an die britische Privatbahn EWS geliefert hat.

DB AG (Halberstadt-Blankenburger Eb.)

Zum Fahrplanwechsel Sommer 1999 hat das Land Sachsen-Anhalt den von der DB AG elektrisch betriebenen Personenverkehr auf dem Streckenteil Elbingerode-Königshütte (Abschnitt der Rübelandbahn der einstigen Halberstadt-Blankenburger Eisenbahn) abbestellt. Der letzte Reisezug fuhr am 29.5.1999. Die Züge fuhren hier tatsächlich fast nur leer, wobei auch der auf der Rübelandbahn verbleibende Reiseverkehr Blankenburg-Elbingerode schwach ist und unter einhundert Reisenden/Tag liegt. Zufriedenstellend ist dafür der Güterverkehr mit seinen schweren Kalkzügen.

Dieter Riehemann

Hamburger Hafenbahn FdE/MHG

Das Museum für Hamburgische Geschichte (MHG, Mitträger des Eisenbahnmuseum Hamburg-Wilhelmsburg) hat am 6.8.97 von der Hamburger Hafenbahn die Lok 221 übernommen. Bis Mitte 1998 wurde im Eisenbahnmuseum die Hauptuntersuchung der Lok durchgeführt und am 1.7.98 mit der Abnahme der Lok beendet. Seitdem steht sie im Museum für Rangierfahrten zur Verfügung.

Die DEA-Erdölwerke Holstein in Heide-Hemmingstedt kaufen die auf eigenem Werksgelände anfallenden Rangierleistungen ab Mitte 1998 bei der DB AG Geschäftsbereich Cargo ein.

Genthiner Klb.: DB AG-VT 772 174 am 2.1.99 in Genthiner Kleinbahnhof.

Genthiner Klb.: DB AG-VT 772 319 nach Ziesar (links) und 772 166 + 972 766 nach Jerichow am 2.1.99 in Güsen Klbf. Rechts der DB AG-Bahnhof.

Genthiner Klb.: DB AG-VT 772 319 am 2.1.99 in Ziesar.　　　Fotos (3): Dieter Riehemann

Gräfenbergbahn: 211 024 (vorn) und 211 044 (ozeanblau) am Zugschluß am 4.4.98 im Endbahnhof Gäfenberg. Foto: Ingrid Zeunert

Somit wurden die beiden Werkloks überflüssig. Die beiden DEA-Dieselloks PETER (Henschel Bj. 1958; Typ DH 360) und FRITZ (Henschel Bj. 1957; Typ DH 360) wurden irgendwie bei DB Cargo für die anstehenden Rangierleistungen »in Zahlung gegeben«.

Leider war es dem Verein Freunde der Eisenbahn e.V. trotz diverser Gespräche mit DB AG-Dienststellen in Hamburg, Minden und Mainz nicht möglich eine der Loks zu erhalten. Die einstimmige Aussage war: »Die Loks werden nicht verkauft, die werden verschrottet«.

Inzwischen ist ein Holländischer Schrotthändler dabei acht Lok der BR 360/361 sowie die beiden DEA-Loks auf dem Gelände des Bw Hamburg-Wilhelmsburg zu verschrotten.   Kai Pöhlsen

Eisenbahnmuseum Hamburg-Wilhelmsburg: Lok 221 ex Hamburger Hafenbahn) am 24.7.98 im Eisenbahnmuseum.
Foto: Kai Pöhlsen

ex DEA Erdölwerke Heide-Hemmingstedt-Loks FRITZ und PETER am 25.7.98 zur Verschrottung abgestellt im Bw Hamburg-Wilhelmsburg.
Foto: Kai Pöhlsen

Hessische Landesbahn GmbH (HLB)

Die Auslieferung der fünfzehn fest bestellten GTW 2/6 (VT 101-115 (zwölf Triebwagen sollen für weitere zu übernehmende Strecken bestellt werden) begann im Frühjahr 1999. Von den Triebwagen sind drei für die Kassel-Naumburger Eisenbahn (KNE) (Kasse-) Wabern-Bad Wildungen-Edersee), acht für die Butzbach-Licher Eisenbahn (BLE; Feldberg-Friedrichsdorf; Friedberg-Beienheim-Nidda/Hungen), einer für die Frankfurt-Königsteiner Eisenbahn (FKE; Ffm.-Höchst - Bad Soden) und drei für die neue Hellertalbahn GmbH (Betzdorf-Haiger-Dillenburg), an der die HLB neben der Wester-

waldbahn und Siegener Krsb. beteiligt ist, bestimmt.
Stationierung der neuen GTW 2/6:
Butzbach-Licher Eisenbahn (BLE)
(Friedberg-Nidda, Friedberg-Hungen, Friedberg-Friedrichsdorf)
508 113 (DWA Bautzen 1998/508/004)
508 114 (DWA Bautzen 1998/508/005)
508 115 (DWA Bautzen 1998/508/006)
509 104 (DWA Bautzen 1998/509/001)
509 105 (DWA Bautzen 1998/509/002)
509 106 (DWA Bautzen 1998/509/003)
509 107 (DWA Bautzen 1998/509/004)

Hamburger Hafenbahn (Stand August 1998) - von Kai Pöhlsen

Fahrzeug-Nr.	Hersteller	F.Nr.	Baujahr	Motor	kW	PS	U/min
Dieselloks							
Lok 225	O&K	MB 280-26789	1973	Deutz	211	288	2500
Lok 226	MaK	220108	1982	Deutz	246	335	2500
Triebwagen							
VT 4.42	MAN VT 2	142781	1956	MAN	132	180	2000
Zweiwegebagger							
207	Atlas	164 S 40047	1993	Deutz	74	101	2300
Gleiskraftrottenzugwagen							
SKL 217	Waggon-Union	30822	1981	Deutz	56	77	2300
Zweiwegefahrzeug							
218	Daimler-Benz	Unimog U1250 L	1987	DB	92	125	2400
219	Daimler-Benz	Unimog U1450 L	1995	DB	100	136	2400
Gleiskran							
224	Krupp	205921	1970				
Wagen							
K-Wagen Nr. 1-1; X-Wagen Nr. 21-31; S-Wagen Nr. 61, 63-65, 92-94; Ed-Wagen Nr. 78-85; Schutzwagen Nr.103							

509 109 (DWA Bautzen 1998/509/006)
509 110 (DWA Bautzen 1998/509/007)
509 111 (DWA Bautzen 1998/509/008)
509 112 (DWA Bautzen 1998/509/009)
Frankfurt-Königsteiner Eisenbahn (FKE)
509 108 (DWA Bautzen 1998/509/005)
Kassel-Naumburger Eisenbahn (KNE)
(Kassel Hbf-Bad Wildungen)
508 101 (DWA Bautzen 1998/508/001)
508 102 (DWA Bautzen 1998/508/002)
508 103 (DWA Bautzen 1998/508/003)
Zwar wurden nicht alle fünfzehn Triebwagen bereits zum Fahrplanwechsel am 30.5.1999 benötigt, aber genügend ausgelieferte bzw. abgenommene Fahrzeuge waren zu diesem Termin trotzdem nicht vorhanden und es mußte improvisiert werden.
Da die von der KNE bisher eingesetzten RegioShuttles (von der Fa. RailCharter GmbH geliehen) inzwischen an die Erfurter Industriebahn verkauft waren, die diese auch zum Fahrplanwechsei 30.5.1999 benötigte, gelangten die ersten GTW 2/6 der HLE (VT 101-103) somit zur KNE und übernahmen recht zügig und ohne größere technische Probleme den Verkehr zwischen (Kassel Hbf.-) Wabern und Bad Wildungen (-Edersee).
Im Großraum Frankfurt gab es da mehr

Schwierigkeiten. Die FKE setzte Leihfahrzeuge der AKN-Eisenbahn ein und bekam dadurch Fahrzeuge für den Betrieb auf der Taunusbahn Fhedrichsdorf-Grävenwiesbach (Verkehrsverband Hochtaunus VHT) frei. Die VT 51, 71 und 72 (entsprechen DB-VT 628) konnten dadurch wiederum der BLE zum Einsatz auf den Wetteraustrecken zur Verfügung gestellt werden und kamen hier gemeinsam mit den nach und nach eintreffenden bzw. in Betrieb gehenden GTW 2/6 zum Einsatz. Natürlich waren die zuvor angemieteten LVT/S der DWA auch nicht sofort entbehrlich und brachten die Eurobahn GmbH, die zum 30.5.1999 mit einem dieser Fahrzeuge den Personenverkehr Alzey-Kirchheimbolanden aufnehmen wollte, in Schwierigkeiten. Die Eurobahn konnte dann aber kurzfristig einen LVT/S der Karsdorfer Eisenbahn anmieten.
Der Wiederaufbau der Strecke Grävenwiesbach-Brandoberndorf (VHT) war im Mai 1999 so weit fortgeschritten, daß die Gleise bis in den Ortsbereich Brandoberndorf befahren werden konnten.
Der eigentliche Endpunkt war wegen Sanierung einer Brücke noch nicht erreichbar. Bauzüge fuhr die von der Siegener Kreisbahn stammende Jung-DiesellokLok V 17.
                                   Dieter Riehemann

Hellertalbahn: VT 525 118 (links) kreuzt am 23.10.99 mit VT 525 116 in Neunkirchen.

Hellertalbahn GmbH (HTB)

Am 26.9.1999 übernahm die neue Bahngesellschaft den gesamten Schienenpersonennahverkehr auf der DB AG-Strecke (Dillenburg-) Haiger-Betzdorf. Im Einsatz sind regulär zwei Triebwagen, wobei zwischen Betzdorf und Neunkirchen im Stundentakt und weiter nach Haiger-Dillenburg im Zweistundentakt gefahren wird. Diese Bahnstrecke tangiert die Bundesländer Hessen, Nordrhein-Westfalen und Rheinland-Pfalz, und so ist auch je eine Privatbahn aus diesen Ländern Gesellschafter der Hellertalbahn: Die Hessische Landesbahn (sie stellt die drei neuen GTW 2/6-Triebwagen VT 525 116-

118, Bombardier/ADtranz 1999/525 001-003 und sorgt für die Ausführung größerer Reparaturen sowie Hauptuntersuchungen in ihren Werkstätten), die Siegener Kreisbahn (ist für Marketing und Vertrieb zuständig) und die Westerwaldbahn (Geschäftsführung, Betriebsleitung und Disposition der Fahrzeuge und Personale). Die Hellertalbahn hat ihren Sitz bei der Westerwaldbahn in Steinebach-Bindweide. Die dortige Werkstatt der Westerwaldbahn wird in Kürze für die Wartung der HTB-Triebwagen und der eigenen Fahrzeuge ausgebaut bzw. erweitert. Dieter Riehemann

Hellertalbahn: VT 525 118 am 23.10.99 in Herdorf. *Fotos (2): Dieter Riehemann*

Hohenzollerische Landesbahn AG (HzL)

Die Betriebsnummern VT 44 und VT 45 wurden den beiden Mitte 1997 gelieferten blau/gelb lackierten Regio-Shuttles zugeteilt, die nun für die im Auftrag des Landkreises Tuttlingen durchgeführten HzL-Fahrten zwischen (Sigmaringen-) Fridingen und Tuttlingen Stammfahrzeuge sind. Die ADtranz-Triebwagen übernachten im Gammertingen und sind daher am frühen Morgen bzw. späten Nachmittag auch auf der HzL-Stammstrecke zwischen Sigmaringen und Gammertingen zu sehen.

Die übrigen HzL-Regio-Shuttles (VT 200-221) sind vorwiegend auf der DB AG-Strecke zwischen Tübingen und Aulendorf eingesetzt, so daß auf der Stammbahn neben etlichen auch in den Fahrplan eingearbeiteten Überführungsfahrten von/zum Bw in Gammertingen vorwiegend wieder die bekannten MAN-Fahrzeuge bzw. die NE´ 81-Trieb- und Steuerwagen zu sehen sind. Auf der Stammbahn wurde mit Fahrplanwechsel am 24.5.98 der Betrieb an Samstagen eingestellt. Ausgenommen davon sind lediglich einige Fahrten in Tagesrandlage, die bis Aulendorf/ Tübingen durchgebunden und auch im Kursbuch veröffentlicht sind. Dieter Riehemann

Verkehrsbetriebe Grafschaft Hoya GmbH

Der »Brokser Heiratsmarkt«, ein traditionelles Volksfest auf dem Bruchhausener Marktplatz in Bruchhausen-Vilsen, fand vom 27.-31.8.99 statt. Auch diesmal fuhren auf der VGH-Strecke zwischen Eystrup und dem Marktgelände wieder an allen fünf Tagen planmäßige Reisezüge, die vom Publikum gut angenommen wurden. Der Reisezugdienst lief jeweils bis weit nach Mitternacht (letzte Ankunft Eystrup um 2.17 Uhr) und begann an den ersten vier Tagen mit der Abfahrt 14.05 Uhr in Eystrup bzw. am 31.8.99 schon um 7.05 Uhr.

Gefahren wurde im annähernden Zweistundentakt mit einer

HzL: VT 2188 + VT 219 am 15.5.98 im Bf. Albstadt-Ebingen.

HzL: VT 201 + VT 212 nach Aulendorf am 15.5.98 in DB AG-Bahnhof Storzingen.

HzL: VT206 + VT 207 am 9.5.97 in Veringendorf.   *Fotos (3): Dieter Riehemann*

VGH Hoya: *VGH-Lok 60021 + DEV-TA 5+4 + OHE-Lok 60022 als Personenzug zum Brokser Markt am 31.8.99 in Hoya.* Foto: Dieter Riehemann

Ilmebahn: *Lok V 100 01 rangiert am 16.7.98 im Bahnhof Bad Gandersheim einen beladenen Getreidezug.* Foto: Steffen Hartwich

Ilmebahn: *V 100 01 stellt am 23.3.98 im Bahnhof Höxter zwei leere Snps für die Holzverladung bereit.* Foto: Steffen Hartwich

Zuggarnitur. Lediglich beim Vormittagsverkehr am 31.8.99. fuhr auch der Triebwagen T 1 mit TA 3 einen planmäßigen Verstärkungszug Hoya-Bruchhausen. Da am Marktgelände in Bruchhausen nicht umgesetzt werden kann, bestand der regelmäßige Pendelzug aus VGH-V 60 021 + DEV-TA 4 + DEV-TA 5 + OHE-Leihlok 60022. Bei den beiden TA handelt es sich um von der Albtal-Verkehrs-Gesellschaft (AVG) erworbene Esslinger-Fahrzeuge (TA 4 Esslingen 1957/24905, 1997 ex AVG-VB 478, 1994 ex SWEG/DEBG VB 222; TA 5 Esslingen 1953/23606, 1997 ex AVG-VB 476, 1994 ex SWEG-VB 237, 1980 ex TWE-VT 65, 1975 ex BLE-VT 65). Dieter Riehemann

Ilmebahn GmbH, Einbeck

Die Ilmebahn-Diesellok V 100 01 hat eine neues Einsatzgebiet erhalten. Nicht mehr angefahren werden die Bahnhöfe Uslar und Hardegsen an der KBS 356 (nach der Schließung der Gütertarifpunkte durch DB Cargo), und auch in Northeim (Han) wird von der Ilmebahn kein Rangierdienst mehr geleistet, dies hat DB Cargo wieder übernommen. Seit dem 12.1.98 befährt die V 100 01 von Montag bis Freitag (an Werktagen) die KBS 355 von Kreiensen bis Höxter. Bedient werden auch die Unterwegsbahnhöfe Stadtoldendorf und Holzminden. Gegen 9.30 Uhr verläßt die Ilmebahnlok den Bahnhof Kreiensen in Richtung Holzminden, zuvor wird noch die Strecke nach Kalefeld und die Grube Echte bedient. Um halb vier erreicht die Ilmebahnlok nach ihrer Tour durch das Weserbergland wieder den Bahnhof Kreiensen. Bei Bedarf wird anschließend die Getreideverladung im Bahnhof Bad Gandersheim (KBS 352) bedient (ca. zwei- bis dreimal im Jahr), wenn nicht kehrt die Lok ins Ilmebahn-Bw nach Einbeck zurück. Zuvor werden auch hier die örtlichen Anschlüsse bedient und bei Bedarf wird ebenfalls noch die Ilmebahn-eigene Strecke nach Dassel befahren. Das Aufkommen ist hier allerdings so stark zurückgegangen, daß hier teilweise monatelang kein Zug zu sehen ist.

Steffen Hartwich

Die Ilmebahn hat mit Wirkung vom 1.8.1999 die Infrastruktur der Nebenbahn Einbeck-Salzderheiden – Einbeck-Mitte von der DB Netz AG gepachtet und wird diese Bahnlinie (nur über diese ist auch die eigene Strecke Einbeck-Mitte – Dassel erreichbar) weiterhin im öffentlichen Güterverkehr betreiben. Die nun ex DB-Strecke wird seit Jahren ohnehin nur noch vom Ilmebahn-Güterzug planmäßig benutzt, aber auch früher war der gemischte Einsatz von Reise- und Güterzügen sowohl der Ilmebahn wie der DB auf der Gesamtstrecke Salzderhelden-Einbeck-Dassei gute Tradition. Der Güterverkehr ist allerdings äußerst gering, mehr Geld verdient die Ilmebahn sicherlich mit den Auftragsfahrten für DB Cargo AG im Raum Kreiensen.

Nicht ganz im Bereich der Utopie liegt, daß Einbeck-Mitte in einigen Jahren wieder mit Reisezügen erreicht werden könnte. Bedarf dafür erscheint erkannt zu sein. Die für die Bestellung zuständige Niedersächsische Landesnahverkehrsgesellschaft hat es aber mit Reaktivierungen von Schienenpersonennahverkehrsstrecken überhaupt nicht eilig und ziert sich seit langer Zeit, hierzu konkret Stellung zu beziehen. Da im Lande auch noch einige ähnliche Vorhaben laufen, wird man die Sache zunächst wohl »aussitzen«.

Dieter Riehemann

Kahlgrund-Verkehrs-Gesellschaft mbH (KVG)

Die KVG hat den Schienenpersonenverkehr auf alle Wochentage ausgeweitet und weitgehend vertaktet (Stundentakt Mo-Fr; Zweistundentakt am Wochenende). Dafür wurde der Güterverkehr (bisher durch VT im Rahmen von PmG-Fahrten mit erledigt) zum Ende des Jahres 1997 eingestellt. Voraussetzung für die Fahrplanänderung waren u.a. verschiedene Gleisbaumaßnahmen (wie z.B. Umbau der Einfädelung der KVG-Strecke in die DB AG-Strecke in Kahl;

Kahlgrundbahn: VT 81 am 12.3.98 in Alzenau.

Kahlgrundbahn: VT 97 am 17.9.98 zwischen Königshofen und Schimborn.

Kahlgrundbahn: VT 97 + VS 183 + VS 184 + VT 80 am 12.3.98 zwischen Niedersteinbach und Michelbach. Fotos (3): Dieter Riehemann

Die Kleinbahn 27

Kahlgrundbahn: VT 97 am 26.12.97 im umgebauten Bahnhof Kahl.

Foto: Andreas Christopher

Kahlgrundbahn: VT 97 am 19.12.97 in Hanau Hbf vorder Abfahrt nach Schöllkrippen.

Foto: Andreas Christopher

Karsdorfer (Merseburg-Querfurt): VT 3.01 am 18.9.99 in Memsdorf-Göhrendorf.

Foto: Dieter Riehemann

Umbau Michelbach zum Kreuzungsbahnhof).

Seit dem 15.12.1997 fahren die KVG-Züge Mo-Fr und seit dem Fahrplanwechsel 24.5.98 auch an Sa und So durchgehend bis Hanau Hbf mit Anschluß an die Frankfurter S-Bahn.

Für den ausgeweiteten Betrieb beschaffte die Privatbahn einen fabrikneuen Triebwagen, und zwar den Regio-Shuttle mit der Betriebsnummer VT 97 (ADtranz 1997/36 603, 2x257 kW).

Vorwiegend fahren die Züge als Solo-VT, wobei neben dem neuen VT 97 die NE´ 81-VT 80, VT 81 und VT 82 zur Verfügung stehen. Lediglich im Schülerverkehr sind bis zu vierteilige Triebwagenzüge (2x VT + 2x VS) unterwegs, wobei der VT 97 dann durchaus auch im Verbund mit NE´ 81-Wagen zu beobachten ist. Der Planbedarf beträgt Mo-Fr (Schultage) zur Zeit drei Triebwagen.   Dieter Riehemann

Karsdorfer Eisenbahn-Gesellschaft mbH (KEG)

Die KEG hat sich im Güterverkehr einen »dicken Fisch« an Land gezogen. Seit März 1999 fährt die Bahngesellschaft zwei- bis dreimal wöchentlich einen Kerosinzug von der Raffinerie Holthausen(Ems) bei Lingen zum Franz-Josef-Strauss-Flughafen bei München. Der Zug kommt im Lastlauf über Rheine-Osnabrück-Herford-Altenbeken-Kassei-Bebra-Würzburg. Die Rückfahrt (mit Leerwagen) führt meistens über Altenbeken-Hamm und Münster, damit in Münster die Dienstleistungen einer anerkannten Wagenreparaturwerkstatt in Anspruch genommen werden können, ohne daß zusätzliche Trassenkosten entstehen.

Bei der Bespannung der Züge wurde in den ersten Wochen improvisiert. So kamen zunächst die beiden ITL-Loks V 180 001 und 002 (ex Regentalbahn D 05 und D 06) zum Einsatz, schliesslich die KEG-eigene 204 (ebenfalls ex DR-V 180) und zwei geliehene Dieselloks der ex DR-BR 220 der Eisenbahn-Verkehrsgesellschaft im Bergisch-Märki-

Karsdorfer: Dieselloks 2101 und 2102 am 11.7.99 in Holthausen (Ems).　　　　　Foto: Dieter Riehemann

schen Raum (EBM). Ende April 1999 erhielt die KEG dann die ersten zwei der insgesamt vier in Rumänien erworbenen und dort deutschen Bedürfnissen angepassten Großdieselloks mit den KEG-Betr.-Nr. 2101 (Electroputere, Craiova 1975/1501) und 2102 (wie vor 1976/ 1712). Die Loks verfügen über Zugbahnfunk MESA 2002 sowie INDUSI und übernahmen sogleich die Bespannung des Kerosinzuges in Doppeltraktion. Im Mai 1999 folgten die Schwestermaschinen 2103 (wie vor 1978/1745) und 2104 (wie vor 1978/1762). Im September 199 schließlich kamen auch noch die Loks 2105 und 2106 zur KEG.

Bei den rumänischen Lokomotiven, deren nach Schweizer Lizenz gefertigte Karosserie an eine SBB-Ellok erinnert, handelt es sich um 2100 PS starke, doppeltraktionsfähige, 114 t schwere und 100 km/h schnelle sechsachsige dieselelektrische Loks der CFR-Reihe 060 DA, die auch der polni-

Karsdorfer: Dieselloks 2102 und 2103 vor einem Kesselwagenzug am 11.7.99 in Holthausen (Ems).　　Foto: Dieter Riehemann

schen Reihe ST 43 und Reihe 06 in Bulgarien entspricht.

Die KEG baut in Rheine einen neuen Stützpunkt auf. Zu diesem Zweck wurde eine Fahrzeughalle der DB AG angemietet, wo der örtliche Betriebs- und Lokleiter seinen Sitz hat und Sozialräume für das Fahrpersonal eingerichtet wurden.

Dieter Riehemann

Die KEG ist vom Internationalen Eisenbahnverband UIC in Paris als assoziiertes Mitglied aufgenommen worden. Damit ist sie das erste deutsche private Eisenbahnverkehrsunternehmen in der UIC, das eigene Traktionsleistungen auf der Schiene anbietet.

Die KEG ist ein inhabergeführtes, mittelständisches Unternehmen. Die Unternehmensgruppe van Engelen, zu der die KEG gehört, beschäftigt zur Zeit etwa 170 Mitarbeiter. Standorte des Unternehmens sind Karsdorf (Sachsen-Anhalt), Zeitz (Sachsen-Anhalt),

Karsdorfer (Burgenlandbahn): VT 3.16 (links) und VT 3.01 am 18.9.99 im Bahnhof Querfurth.　　　Foto: Dieter Riehemann

Stollberg (Sachsen) sowie Schwerte und Rheine (Nordrhein-Westfalen).　　Markus Schulte/KEG/pr.

Karsdorfer Eisenbahn-Gesellschaft mbH
Burgenlandbahn GmbH

Die Burgenlandbahn, gemeinsame Tochtergesellschaft der Deutschen Bahn AG und der Karsdorfer Eisenbahn, betreibt seit dem 1.1.1999 den Schienenpersonennahverkehr auf folgenden DB AG-Strecken:
- Naumburg-Nebra-Artern
- Naumburg-Teuchem (-Zeitz)
- Weißenfels-Teuchem-Zeitz
- Merseburg-Schafstädt
- Merseburg-Querfurt
- Röblingen a.See-Querfurt

Gefahren wird im Stunden- bzw. Zweistundentakt mit den von der Karsdorfer Eisenbahn beschafften 18 zweiachsigen Neubautriebwagen des DWA-Typs LVT/S. Mit Auslieferung der Fahrzeuge (Betriebsnummern KEG-VT 3.01 bis 3.18; bei DB AG abrechnungstechnisch als VT 672 901-918 geführt) konnten die MAN-Triebwagen der KEG nach und nach zurückgezogen werden und dienen inzwischen nur noch als Reservefahrzeuge bzw. stehen für künftige Projekte zur Verfügung.

Da die KEG-LVT/S sowohl eine automatische Kupplung wie eine normale Zug- und Stoßvorrichtung besitzen, sind sie universell und flexibel einsetzbar. Fahrten als Doppeleinheit sind zwar nicht die Regel (für die meisten Kurse reicht ein Solo-VT), die Züge von/nach Naumburg bzw. Weißenfels fahren aber im Abschnitt Teuchern-Zeitz bzw. umgekehrt in der Regel gemeinsam (Flügelzugsystem).

Die die Burgenlandbahnlinien verbindende Strecke Vitzenburg-Querfurt wird dagegen nicht mehr befahren, denn es besteht hier praktisch kein Verkehrsbedürfnis. Ob künftig, mindestens solange die Strecke noch betriebsbereit ist, noch halbwegs regelmäßig Werkstatt- oder Fahrzeugtauschfahrten stattfinden oder dies über Merseburg/Weißenfels bzw. Röblingen/Attern geschieht, bleibt abzuwarten.

Nicht mehr im Schienenpersonennahverkehr bedient wird auch die Strecke Zeitz-Osterfeld. Hier gibt es aber Überlegungen zu einer Reaktivierung, wenn der Bau einer zwei Kilometer langen Neubaustrecke vom jetzigen Endbahnhof Osterfeld zur Ortsmitte Osterfeld gelingen sollte.

Dieter Riehemann

Karsdorfer Eisenbahn GmbH
City-Bahn Chemnitz GmbH

Die Karsdorfer Eisenbahn GmbH (KEG) betreibt im Auftrag der City-Bahn Chemnitz GmbH seit dem 24.5.98 für zunächst drei Jahre den gesamten Personenverkehr auf der DB AG-Nebenbahn Chemnitz-Stollberg (Sachsen). Es sind in der Regel drei KEG-VT (davon werden zwei umlaufmäßig benötigt) in Stollberg stationiert. Dies sind die mit KEG- und City-Bahn-Beschriftungen versehenen

MAN-Triebwagen VT 2.01 und 2.02 (1998 ex Eisenbahntours Nahe-Hunsrück, 1994 ex WEG T 21 und T 22, 1965 ex Ueterser Eisenbahn VT 4 und VT 5) und der von DWA ausgeliehene LVT/S-Prototyp. Als Reserve diente im September 1998 allerdings statt des LVT/S die KEG-Großdiesellok V 204 (Typ DR-V 180.2; 1994 ex Chemische Werke Buna, bei KEG nach Aufarbeitung 1998 in Dienst) mit einem DB AG-Reisezugwagen.

Mittel- bzw. langfristig will die City-Bahn Chemnitz die Strecke Chemnitz-Stollberg in ein Stadtbahnsystem nach Karlsruher Muster einbeziehen.

Dieter Riehemann

Karsdorfer (Burgenlandbahn Querfurt-Röblingen): VT 3.16 am 18.9.99 in Röblingen am See.
Fotos (3): Dieter Riehemann

Kassel-Naumburger Eisenbahn AG (KNE)

Die KNE stellte schon 1977 den Schienenpersonenverkehr auf ihrer Stammstrecke Kassel-Naumburg ein. Sieht man einmal von dem seit 1995 auf dem Teilstück Baunatal-Großenritte wieder existierenden Personenverkehr in Form der in das Stadtgebiet Kassel durchlaufenden Stadtbahnzüge sowie der Episode im Jahresfahrplan 1995/1996 ab, wo gemeinsam mit der Hersfelder Eisenbahn ein Pendelverkehr Bebra-Bad Hersfeld mit FKE-Triebwagen durchgeführt wurde, war die Bahn seither nur noch im Schienengüter- und Omnibusverkehr tätig. Dies hat sich zum Fahrplanwechsel am 24.5.98 geändert. Der Nordhessische Verkehrsverbund als regionaler Träger des Schienenpersonennahverkehrs beauftragte die Hessische Landesbahn (HLB) mit der Bedienung der DB AG-Strecke Wabern-Bad Wildungen. Die Betriebsführung für diesen Neuverkehr übertrug die HLB ihrer Tochtergesellschaft KNE. Einzelne KNE-Züge verkehren durchgehend von/bis Kassel Hbf, an Sonn- und Feiertagen im Sommer und Herbst werden andererseits etliche Kurse zur Edertalsperre über Bad Wildungen hinaus bis Edersee-Hemfurth verlängert. Dabei befahren diese dem Ausflugsverkehr dienenden Züge zunächst die ansonsten ohne

Karsdorfer (Burgenlandbahn Naumburg-Artern): VT 3.03 am 19.9.99 in Freyburg.

Karsdorfer (Burgenlandbahn Naumburg/Weißenfels-Teichern-Zeitz): VT 3.05 + VT 3.01 aus Weißenfels und dahinter VT 3.18 aus Naumburg am 20.9.99 in Teichern.

Kassel-Naumburg: Leihtriebwagen VT 301 (links) und VT 302 kreuzen am 28.6.98 im Übergabebahnhof zur Kraftwerksanschlußbahn bei Bergheim.

Kassel-Naumburg: VT 101 am 25.7.99 in Bad Wildungen.

Kassel-Naumburg: VT 102 am 25.7.99 in Fritzlar.   Fotos (3): Dieter Riehemann

Verkehr dahinvegetierende DB-Strecke in Richtung Waldeck-Korbach. Hinter dem ehemaligen Bahnhof Bergheim-Giflitz zweigt von dieser Strecke, nahe der Ortschaft Bergheim, eine mehrere Kilometer lange Anschlußbahn der Elektrizitätsgesellschaft Preussen-Elektra zum Kraftwerk Hemfurth ab. Im zweigleisigen Übergabebahnhof zur Anschlußbahn finden an jedem Betriebstag die Kreuzungen der Reisezüge statt. Kurz vor Hemfurth überquert die Anschlußbahn, deren schlechter Oberbau nur geringe Geschwindigkeiten zuläßt, die Eder auf einer kombinierten Straßen/Eisenbahnbrücke. Gleich hinter dieser Brücke ist für die Ausflugszüge ein Bahnsteig angelegt worden.

An Fahrzeugen wird die KNE künftig die von der HLB bestellten GTW 2/6-Triebwagen (Stadler/DWA/ADtranz) einsetzen. Bis zu deren Auslieferung stellten die am Bau der GTW 2/6 beteiligten Unternehmen Leihfahrzeuge zur Verfügung. In den ersten Wochen waren das drei zweiachsige DWA-LVT/S, die dann durch ADtranz-Regio-Shuttle des Typs RS 1 ersetzt wurden. Angetroffen wurden im Juni 1998 die ADtranz-RS 1 mit den Betriebsnummern VT 301 und 302; ein dritter VT (ADtranz-VT 300) wurde erwartet, war aber noch bei der BOB im Einsatz.

Dieter Riehemann

Hessencourrier, Kassel

Fast jede Klein- und Privatbahn in Deutschland beschaffte ihre eigenen Lokomotiven. Doch diese Sonderwünsche hatten ihren Preis, denn die Herstellung der wenigen benötigten Lokomotiven (nur selten waren es mehr als drei oder vier) kostete viel Geld. Auch die Unterhaltung der Einzelstücke war nicht billig. Oftmals konnten nicht einmal die Teile zwischen zwei scheinbar baugleichen Loks getauscht werden. Einheitliche Normen setzten sich erst in den zwanziger Jahren durch. Um diesen untragbaren Zuständen ein Ende zu machen gründeten die deutschen Lokfabriken 1919 den

Hessencourrier (ex Kassel-Naumburg): Dampflok 206 am 12.3.99 in Naumburg.   Foto: Sammlung Otto Tokarski

»Engeren Lokomotiv-Normen-Ausschuß« (ELNA), der unter anderem mit der Entwicklung eines einheitlichen Fahrzeugkatalogs für die Klein- und Privatbahnen beauftragt wurde. Doch bevor die Ingenieure Skizzen und Berechnungen zu Papier brachten erkundigten sie sich bei ihren potentiellen Kunden nach deren Wünschen. Aus der Vielzahl der Wünsche entwickelten sie schließlich bis 1921 ein Baukastensystem, das bis dahin seinesgleichen suchte: Auf der Basis von drei Fahrwerken mit den Achsfolgen C, 1´C und D, zwei unterschiedlich großen Rädern, zwei Achslasten sowie zwei Triebwerken mit Naß- oder Heißdampf legten sie einen Katalog mit 16 verschiedenen Lokomotiven vor. Damit glaubten sie alle Wünsche erfüllt zu haben.

Nicht ganz, denn der Kassel-Naumburger Eisenbahn (KN) reichte die stärkste der angebotenen ELNA-Loks noch nicht. Sie benötigte Anfang der zwanziger Jahre für den Personen- und Güterverkehr auf ihrer krümmungs- und steigungsreichen Strecke einen Fünfkuppler. Ein Vierkuppler hätte zwar auch die geforderten 290-Tonnen-Züge mit 15 km/h über die 1:40-Steigung geschleppt, doch dessen Achslast hätte über 12,6 Tonnen gelegen. Aber eine Verstärkung des Oberbaues konnte sich die KN nicht leisten. Also mußte ein Fünfkuppler her.

Bei der Lokfabrik Krauss & Co stieß die KN auf offene Ohren. Aufbauend auf der württembergischen Tn und mit zahlreichen Teilen aus dem neuen Typenprogramm entwickelten die Bayern eine neue Lok, die schließlich zu einer weiterentwickelten ELNA wurde. Die Konstruktion der größten je

gebauten ELNA überzeugte. Der für 13 bar zugelassene Langkessel besaß eine Heizfläche von 158 m2 und eine Rostfläche von 2 m2. Der Überhitzer der Bauart Schmidt maß insgesamt 42 m2. In den massiven Blechrahmen der Dampflok wurde der sechs Kubikmeter große Wasserkasten eingehängt. Der Kohlevorrat (2 t) wurde hinter dem Führerhaus untergebracht. Das Zwei-Zylinder-Heißdampftriebwerk bestand aus 500 Millimeter großen Zylindern mit einem Kolbenhub von 500 Millimetern. Für die richtige Dampfverteilung sorgte eine außenliegende Heusingersteuerung mit Kolbenschiebern. Die Treibstange wirkte auf die dritte Kuppelachse. Über sechs Punkte stützte sich die Lokomotive auf den fünf Achsen ab. Für einen guten Bogenlauf sorgten die erste und fünfte Kuppelachse, die nach dem System Gölsdorf seitenverschiebar angeordnet waren. Die drei anderen Achsen lagerten fest im Rahmen.

Eine Druckluftbremse der Bauart Knorr, ein Druckluftsandstreuer, ein Geschwindigkeitsmesser der Bauart Deuta, eine Hochdruckschmierpumpe der Bauart Bosch für alle unter Dampf gehenden Teile, eine Dampfheizung und ein Schlammabscheider ergänzten die Ausrüstung der ELNA-Abkömmlinge.

Mit den Fabriknummern 8342 bis 8344 lieferten Krauss & Co 1925 die gewünschten drei Lokomotiven nach Nordhessen. Dort übernahmen sie umgehend die Hauptlast der Zugverkehrs zwischen Kassel-Wilhelmshöhe und Naumburg. Die drei 45 km/h schnellen Loks bewährten sich so gut, daß die KN dann 1926 noch eine vierte Maschine bestellte, die die Bayern noch im selben Jahr mit

Hessencourrier (Kassel-Naumburg): *KN 206 am 12.3.99. in Naumburg.*

Foto: Sammlung Otto Tokarski

Klützer: *Kö 5750 (links) und EBG-Diesellok V 15-03 am 6.6.98 in Klütz.*

Foto: Dieter Riehemann

Klützer: *EBG-Lok V 16-03 + KOE VB 1 + VB 4 + Kö 5750 am 6.6.98 zwischen Rappenhagen und Moor.*

Foto: Dieter Riehemann

der Fabriknummern 8367 lieferten. Die Super-ELNA sorgte auch in der Fachwelt für Interesse, doch die von Krauss & Co angestrebte Aufnahme in das ELNA-Programm unterblieb. Es gab keine andere Privatbahn, die diese großen Lokomotiven benötigte.

Mit dem Bau der Flugzeugmotoren-Werke in Altenbauna bei Kassel stieg der Güterverkehr auf der KN Ende der dreissiger Jahre sprunghaft an. Eine fünfte Lok mußte her. Doch bevor diese die Werkhallen der Krauss-Maffei AG in München-Allach verließ, wurde die inzwischen fast fünfzehn Jahre alte Konstruktion überarbeitet. Das Fahrwerk wurde dabei völlig umgestaltet. Zwischen der ersten und zweiten Achse wurden die neuen Beugniot-Hebel eingebaut und die fünfte Achse fest gelagert. Dank dieser Neuerung konnte die Höchstgeschwindigkeit der am 13. Mai 1938 gelieferten Lok Nummer 5 auf 60 km/h angehoben werden. Knapp drei Jahre später am 23. Januar 1941 lieferte Krauss-Maffei die sechste und letzte Super-ElNA für die KN.

Nach dem Zweiten Weltkrieg ließ die KN auch die vier ersten Loks in München mit den Beugniot-Hebeln ausrüsten. Außerdem erhielten die Loks einen Henschel-Mischvorwärmer mit Turbo-Pumpe. Die Deutsche Eisenbahn-Gesellschaft reichte die sechs Loks schließlich 1956 als 210 bis 206 in ihren Fahrzeugpark ein. Nur wenig später verließen die ersten Fünfkuppler ihre angestammte Heimat.

In der zweiten Hälfte der sechziger Jahre zeichnete sich schliesslich das Ende der Super-ELNAs ab. Im Januar 1969 waren bei der KN nur noch die betriebsfähigen Loks 205 und 206 vorhanden. Bei der Butzbach-Licher Eisenbahn gab es noch die 204. Sie sollte die Letzte sein. Doch im Gegensatz zur 206 entging die 204 nicht dem Schneidbrenner. Dank der Stadt Naumburg blieb die 206 erhalten und wurde 1971 auf dem Bahnhof in Naumburg als Denkmal aufgestellt. Zwölf Jahre träumte sie dort von besseren Zeiten, ehe der Arbeitskreis

Mansfeld: VT 406 am 11.10.97 im Bahnhof Klostermansfeld.   Foto: Dieter Riehemann

Hessencourrier e.V. die imposante Lokomotive vom Sockel holte und sie anschließend befriebsfähig aufarbeitete. Am 7. September 1985 war es dann endlich soweit: Nach der mühevollen Hauptuntersuchung bespannte die nun als HC 206 bezeichnete Super-ELNA den ersten Museumszug zwischen Kassel-Wilhelmshöhe und Naumburg. Zahllose weitere Einsätze auf der landschaftlich reizvollen Strecke folgten. Doch 1993 war Schluß damit, denn nach dem Ablauf der Untersuchungsfristen mußte der Fünfkuppler abgestellt werden. Aber der Hessencourrier strebte eine erneute Aufarbeitung an. Nach zahllosen Arbeitseinsätzen absolvierte die Dampflok im Dezember 1998 ihre ersten Probefahrten. Im März 1999 nahm sie dann wieder den planmäßigen Betrieb auf der Museumsbahn in Nordhessen auf.   Otto Tokarski

Klützer Ostsee-Eisenbahn GmbH (KOE)

VT 1 (ex DB-VT 796 760) und VT 2 (ex DB-VT 796 740) waren im späten Frühjahr 1998 nicht in Klütz sondern bei der Prignitzer Eisenbahn in Putlitz anzutreffen. Die Fahrzeuge sollten angeblich an eine Privatbahn als Reservefahrzeuge verliehen werden, was dann aber doch nicht zustande kam. Den bescheidenen Planverkehr zwischen Grevesmühlen und Klütz besorgten derweilen die Dieselloks der KOE, und zwar die in DIE KLEINBAHN Band 9 bereits erwähnte DWK-Lok ex Hafen Kiel (EBG-Nr. V 16-03) sowie die vom Eisenbahnmuseum Prora übernommene und als Kö 5750 bezeichnete DWK-Lok von 1939, Fabr.-Nr. 655 (ex

DR 100 950/310 950, ex Lok 6 der Centralverwaltung für Secundairbahnen Hermann Bachstein mit Einsatz auf der Weimar-Berka-Blankenhainer Esb., der Weimar-Großruderstedter Esb. und Esperstedt-Oldislebener Esb.). Den Loks waren entweder VB (1998 auch VB 4, ex DB-VT 996 248, in Betrieb genommen) oder die 1998 erworbenen Personenwagen 103 und 116 (ex Mindener Kreisbahnen B 103 und B 116) beigegeben. Die KOE ist damit eigentlich optisch eine reine Museumsbahn.
Von der Mindener Kreisbahn wurden die Personenwagen B 103 und B 116 gekauft, die bei der MKB zuletzt im »Mühlen-Express« eingesetzt worden sind.   Dieter Riehemann

ehemalige Kleinbahn Lohne-Dinklage

Die als Anschlußgleis der Gemeinde Dinklage betriebene ehemalige Kleinbahn wurde in den letzten Jahren, nachdem zuvor schon einmal längere Zeit so gut wie kein Verkehr mehr stattfand, fast ausschließlich für den Anschließer Bröring (Tierfutter-Mischwerk am Bahnhof Dinklage) genutzt. Diese von einer DB AG-Lok durchgeführten Transporte entfielen im Sommer 1999, und die ehemalige Kleinbahn wird seit dem 31.5.99 planmäßig nicht mehr von DB Cargo bedient. Die Strecke, deren Oberbau in keinem guten Zustand ist, steht damit wieder einmal vor dem endgültigen Ende.
Dieter Riehemann

DIE KLEINBAHN im Internet:
http://www.kleinbahn-zeunert.de

MaLoWa/Mansfelder Bergwerksbahn: MaLoWa-Lok 4 und Bergwerksbahndampfloks 7 + 11 am 28-3-98 in Klostermansfeld.

Mansfeld: Loks 9 und 18 am 23.3.98 in Klostermansfeld.   Fotos (3): Dieter Riehemann

Mansfeld/Halle-Hettstedt: KML-VT 407 am 21-11-98 in Gerbstedt.

Kreisbahn Mansfelder Land GmbH (KML)

Anfang 1998 wurde auch der zweite Eßlinger Triebwagen der KML nach gründlicher Aufarbeitung in Betrieb genommen. Es handelt sich um den ex WEG-VT 408 bzw. ex FKE-VT 104. Bei der KML erhielt das Fahrzeug nicht die zunächst für ihn vorgesehene ex WEG-Betriebsnummer VT 408, sondern seine alte FKE-Betriebsnummer VT 104.

Der VT 104 übernahm im Frühjahr 1998 zunächst den gesamten Personenverkehr zwischen Klostermansfeld und Wippra, da VT 106 für einige Wochen an die Deutsche Regionalbahn für den Betrieb auf der Strecke Dessau-Wörlitz verliehen war.

Der dritte KML-Triebwagen (ex WEG-VT 407/FKE-VT 103) soll nun auch aufgearbeitet werden, wobei das Fahrzeug einige ergänzende spezielle Einrichtungen für touristische Sonderfahrten erhalten wird (z.B. Tische, Theke, Gardinen, Sonderflächen).

Das Land hat in Aussicht gestellt, für mindestens zehn Jahre Schienenpersonenverkehr auf der Strecke Klostermansfeld-Wippra zu bestellen. Die DB AG wird die Strecke dann einschließlich des Viaduktes Mansfeld sanieren, so daß eventuell sogar ein Stundentakt ohne Zugkreuzungen möglich wird. Es ist vorgesehen, daß die KML den Personenverkehr weiterhin nicht auf eigene Rechnung sondern als Subunternehmer der DB AG abwickelt.

Durch Oberbausanierung zwischen Klostermansfeld und Wippra kam es 1998/1999 zu diversen durch Baustellen bedingte Einstellungen des Zugverkehrs auf dieser Strecke.

Die KML-Triebwagen bedienten dann zeitweise anstelle von DB AG-Schienenbussen den schwachen Schienenpersonenverkehr zwischen Hettstedt und Gerbstedt. Bei dieser Strecke handelt es sich um den noch in Betrieb befindlichen kläglichen Rest der einstigen Halle-Hettstedter Eisenbahn (HHE).

Dieter Riehemann

Mindener Kreisbahnen GmbH (MKB)

Zum hundertjährigen Bestehen des Unternehmens fanden am 9. Und 10.5.98 bemerkenswerte »Tage der offenen Tür statt«. Auf der Schiene pendelten drei Triebwagen vom Betriebshof an der Karlstraße bis nach Minden-Oberstadt: Ein Regio-Shuttle der Ortenau-S-Bahn, ein Regio-Sprinter der Vogtlandbahn sowie der VT 1 der Emsländischen Eisenbahn, ein Talbot-Triebwagen der fünfziger Jahre und baugleich mit dem MKB-T 9.

Weiterhin fuhr der preußische Dampfzug der Museums-Eisenbahn Minden als historisches Pendant. Am 10.5.98 kam als Sonderzug die Dampflok 50 3655 mit neun Wagen und vierhundert Gästen aus Gütersloh.

Ausgestellt waren des weiteren der bekannte MKB-Kohlezug mit der V 4 und ein Teil des inzwischen aufgegebenen Mühlen-Expresses mit der V 2. Die V 5 war pausenlos mit Führerstandsmitfahrten unterwegs. Straßenfahrzeuge durften natürlich nicht fehlen in Form von historischen, aktuellen und futuristischen Bussen.

Am 9.12.98 und damit noch rechtzeitig als eigenes Geschenk zum 100. Geburtstag ist die neue Großdiesellok V 6 (11) der Mindener Kreisbahnen in Minden eingetroffen. Sie war zuvor schon auf der InnoTrans in Berlin zu bewundern und ist mit gut 2000 PS (1504 kW) die stärkste Lokomotive, die das Unternehmen je besessen hat. Sie soll vor allem im Kohleverkehr zwischen Hille und Veltheim eingesetzt werden (siehe DK 9).

Gekauft wurde das Fahrzeug mit der Typenbezeichnung DH 1504 bei OnRail, welche die Lok bei Siemens Fahrzeugtechnik in Moers auf Basis der ex DB 216 014 (Krupp 1964/4647) bauen ließ. Erhalten blieben Rahmen und Drehgestelle der Lok, ansonsten sind alle ihre Komponenten neu oder neuwertig. Das gilt für das Voith-Getriebe ebenso wie für den MTU-Dieselmotor. INDUSI, Zugbahnfunk und Fernsteuerung sind für die V 6 obligatorisch. Letztere bedingte den Anbau von Rangierbühnen an den

Mindener Krsb.: Diesellok V 5 am 25.2.99 in Hille.

Mindener Krsb.: Diesellok V 6 mit Kohlezug am 25.2.99 beim Kraftwerk Veltheim.

Mindener Krsb.: V 5 + V 4 mit Güterzug am 21.3.98 auf der DB AG-Strecke zwischen Veltheim und Vlotho. Fotos (3): Dieter Riehemann

Mindener Krsb.: *Die neue Diesellok V 6 am 25.2.99 am Kraftwerk Veltheim.* Foto: Dieter Riehemann

Stirnseiten, was der ehemaligen 216 ein ungewöhnliches Aussehen verschafft. Laut Fabrikschild gilt 1998 als Baujahr, und die Fabriknummer 1504/1 läßt auf erwartete weitere Umbauten schließen.

Die MKB verfügt mit den V 4 und V 5 (jeweils MaK G 1203 BB, 1985 und 1991 gebaut bzw. gekauft; 745 kW) sowie der neuen V 6 nunmehr über einen leistungsfähigen und modernen Lokomotivpark. Die MaK-Stangenlok V 2 (Type 850 D) aus dem Jahre 1965 hatte im Herbst 1999 Fristablauf und soll abgegeben werden. Werner Schütte

Mittelweserbahn Lok An- und Verkaufs GmbH.

Diese Gesellschaft wurde mit Sitz in Bruchhausen-Vilsen gegründet. Sie wurde von vier Aktiven des Deutschen Eisenbahn-Verein (DEV) ins Leben gerufen. Folgende Fahrzeuge hat die MWB bisher in ihren Bestand übernehmen können:

V 1201 (1999 ex DR V 202 753

V 1202 (voraussichtlich 2000 ex DR 202 855)

V 202 260 (Leihlok von DB AG)

V 127: Bauart Köf II (1999 ex DEV e.V., 1997 ex Nienburger Glas Lok 1)

V 241 (?): Bauart Köf III (1999 ex DEV e.V., 1997 ex DB AG 332 002, ex Bh Braunschweig; Mietkauf)

V 242: Bauart Köf III (1999 ex DB AG 332 025, ex Bh Braunschweig)

V 243: Bauart Köf III (1999 ex DB AG 332 298, ex Bh Braunschweig)

V 651: MaK 650D (1998 ex Emsländische Eisenbahn)

Außerdem ist eine noch nicht identifizierte Lokomotive der Type Köf III vorhanden.

Wie mir ein Gesellschafter berichtete, strebt die MWB. die Gründung eines Eisenbahn-Verkehrsunternehmens (EVU) an. Bastian Schmidt

Nordfriesische Verkehrsbetriebe (NVAG)

Die NVAG haben am 15.8.1999 den deutschen Teil der Strecke Niebüll-Tondern von der DB AG übernommen. Die NVAG befährt diese Strecke zur Zeit im Güterverkehr und mit Sonderzügen im Personenverkehr. Nahne Johannsen

NordWestBahn GmbH (NWB)

Das gemeinsame Tochterunternehmen von DEG-Verkehrs GmbH (74 %) und Stadtwerke Osnabrück AG (26 %) mit Sitz in Osnabrück hatte ja bekanntlich den Zuschlag für den vom Land Niedersachsen ausgeschriebenen Schienenpersonennahverkehr auf den Strecken Osnabrück-Oldenburg-Wilhelmshaven, (Osnabrück-) Hesepe-Delmenhorst und (Wilhelmshaven-) Sande-Esens erhalten.

Da es mit den vom Land Niedersachsen georderten 22 Neubautriebwagen des Typs LINT 41, die der NordWestBahn (NWB) dann zur Verfügung gestellt werden, doch wohl einige Problemchen gibt, wird die Betriebsaufnahme nicht vor Mai 2000 erfolgen. Gegebenenfalls wird sich der Termin aber noch-

Hafen Osnabrück: Dieselloks 7, 5 und 6 am 15.2.98 im Hafengelände.   Foto: Dieter Riehemann

mals verzögern, da man die Fahrgäste laut Presseerklärung der NordWestBahn »keinem Elchtest« unterziehen möchte.

Es gibt/gab aber auch weitere Gründe für die Verzögerungen. So scheiterte das zunächst in Oldenburg geplante und in Kooperation mit der Oldenburger Verkehr und Wasser GmbH zu betreibende Betriebswerk, da mit dem vorgesehenen Grundstück unkalkulierbare Altlastenrisiken verbunden waren. Erst Ende Juli 1999 fiel nun die Entscheidung, daß die Werkstatt im Hafengelände Osnabrück gebaut wird. Das Gelände ist über die Hafenbahn (von den Stadtwerken Osnabrück mit drei eigenen Lokomotiven betrieben) recht gut mit dem Hauptbahnhof verbunden. Dieter Riehemann

Stadtwerke Osnabrück AG -Hafenbahn

Das alte Bw- und Werkstattgebäude der Osnabrücker Hafenbahn an der Rheinstraße wurde 1997 abgebrochen und in den Jahren 1997-1998 durch einen 3 Mio DM teuren Neubau ersetzt. Die Hafenbahn ist damit für die Aufgaben in den nächsten Jahrzehnten gerüstet, nachdem bereits 1996 zwei leistungsstärkere Lokomotiven gekauft wurden. Bei den erworbenen Loks handelt es sich um die von der DB in den achtziger Jahren an die Deutsche Bundespost Berlin verkauften ex 261 157 und 261 841 (Lok 4 und 5 Postamt Berlin 77). Bei der Hafenbahn Osnabrück behielten die Lokomotiven,

Triebfahrzeuge der Hafenbahn Osnabrück

1	C	AEG	1918	1957	120 kW	Akku-Lok; Oktober 1970 abgestellt und anschließend †
2	C	AEG	1918	1958	120 kW	Akku-Lok, Mai 1968 abgestellt und anschließend †
3	D	Siemens	1950	4807	220 kW	Akku-Lok; Dez. 1971 abgestellt und anschließend †
4	C	O&K	1970	26666	360 PS	1996 verkauft an Verkehrsgesell. Landkreis Osnabrück (VLO) Nr. 1
5	B	O&K	1971	26727	220 PS	
6	C	Krupp	1962	4477	650 PS	1996 ex Deutsche Post AG, Lok 4 PA Berlin 77; 1984 ex DB 261 157 ex V 60 1157
7	C	Krauss-Maffei	1960	18603	650 PS	1996 ex Deutsche Post AG, Lok 5 PA Berlin 77; 1987 ex DB 261 841 ,ex V 60 841

Hafen Osnabrück: Lok 5 (15.2.98).

Hafen Osnabrück: Lok 6 (15.2.98).

Hafen Osnabrück: Lok 7 (15.2.98).   *Fotos (3): Dieter Riehemann*

denen die neuen Betr.-Nr. Haba 6 und Haba 7 zugeteilt wurden, zunächst ihren alten Anstrich (Haba 6 = ozeanblau/beige, Haba 7 = rot). Der Hafenbahn Osnabrück steht daneben noch die Haba 5 zur Verfügung, so daß insgesamt drei Lokomotiven das z.Zt. bei etwa 400.000 Tonnen liegende Jahresverkehrsaufkommen abwickeln. Über die Hälfte der Tonnage (ca. 250.000 Tonnen) entfällt auf die Schrotttransporte vom Hafen Osnabrück zum Stahlwerk Georgsmarienhütte. Darüber hinaus haben Militärgüter für die Britischen Streitkräfte und Mineralöl wichtige Anteile am Verkehr. Das Güteraufkommen bei der 1918 mit eigenen Loks in Betrieb genommenen Hafenbahn schwankte immer wieder verhältnismäßig stark; nach z.B. schwachen sechziger Jahren (1963 = 277.000 t) wurden in den siebziger Jahren Spitzenwerte von über 700.000 t registriert, 1993 dann schließlich nur 140.000 Jahrestonnen.

Dieter Riehemann

Osthannoversche Eisenbahnen AG (OHE)

Von August bis Mitte Oktober 1998 sind von der Binnenschiffahrtsfirma MUT im Hafen Wittingen ca. 1.170.000 Tonnen schweres Heizöl umgeschlagen worden. Der Transport erfolgte von Leuna (Großkorbetha) auf der Schiene zum Hafen Wittingen und anschließend per Binnenschiff nach Hamburg. Dort besitzt die MUT mehrere Tanklager. Die OHE fuhr das Heizöl mit einer 2000 PS-Lok zum Hafen Wittingen. Hier übernahm die OHE-MaK-Stangendiesellok 60022 das Umsetzen der Kesselwagen, das Abziehen der Leerwagen und das Rangieren der eintreffenden Kesselwagen.

Ingrid Zeunert

Die OHE-Loks sieht man nicht nur im Bauzugdienst für die DB AG oder für Gleisbaufirmen im gesamten norddeutschen Raum herumschwirren, sondern es tun sich noch immer durchaus interessante Sachen auf den OHE-Gleisen in der Heide. Zugegeben braucht man auch etwas Glück, kann aber prinzipiell durchaus

Osthannoversche Eisenbahnen AG: Stangendiesellok 60022 rangiert am 24.9.98 Kesselwagen zur Ölverladung Schiene/Binnenschiff in Wittingen-Hafen. Foto: Ingrid Zeunert.

noch schwere Güterzüge sehen oder neuerdings einen der Trailerzüge beobachten, die zwischen Soltau und Italien über die OHE via Celle laufen. Bei meinem Besuch im Mai 1999 war das Warten auf den planmäßigen Trailerzug zwar vergeblich, aber dafür fuhren zwischen Bergen und Celle etliche Militärzüge, zum Beispiel von 150073, 160074 und 200092 bespannt. Außerdem war ein Unkrautspritzzug zwischen Celle, Munster und Soltau bespannt mit 23043 bzw. 120054 unterwegs. Die noch mit altem OHE-Anstrich versehene MaK-Stangenlok 120051 hatte den Nahgüterzug Celle-Munster-Uelzen (über DB) -Munster-Bergen-Celle zu ziehen, der den ganzen Tag unterwegs und wohl die interessanteste Regelleistung im OHE-Netz ist. Die auf Funkfernsteuerung umgebaute und im frischen Neulack glänzende 120068 hatte Dienst vor dem Nahgüterzug Celle-Wittingen, der mit nur noch einem Wagen in Wittingen West eintraf. Innerhalb weniger Minuten »verkroch« sich die Lok bis zur abendlichen Rückfahrt nach Celle in das alte Bw-Gelände. Während dessen war 160075 mit dem Dg aus Walsrode (wo es ja ein Zusammentreffen mit der Wolff-Bahn nach Bomlitz und der Verden-Walsroder Eisenbahn gibt) über Soltau auf dem Wege nach Celle. Die Dg-Leistung aus Winsen/Lüneburg und ihr(e) »Zugpferd(e)« konnten leider nicht mehr in Augenschein genommen werden.

Im OHE-Fahrzeugpark gab es wieder einige Veränderungen. 1999 wurde 120053 über einen Lokhändler nach Italien verkauft und 120070 abgestellt; 120 069 soll die demnächst fälligen Frist-

untersuchungen nicht mehr erhalten und dann, wie 120070, Ersatzteilspender werden. Da aber unverändert Bedarf besonders an Lokomotiven der höheren Leistungsklasse besteht, wird OnRail der OHE eine aus einer ex DB-Lok der Baureihe 216 aufzubauende Lok des Typs DH 1504 mit Funkfernsteuerung, INDUSI, Zugbahnfunk und einer Leistung von gut 2000 PS liefern, die der V 6 der Mindener Kreisbahnen (die probeweise auch bei den OHE eingesetzt war) entspricht und wahrscheinlich die OHE-Betriebsnummer 200097 erhalten soll. Dieter Riehemann

Ostmecklenburgische Eisenbahn GmbH (OME)

Die Deutsche Eisenbahn-Gesellschaft (DEG Verkehrs-GmbH) Frankfurt übernahm 48,9 % der Gesellschaftsanteile der OME.

Die OME hat den Betrieb auf den Strecken Schwerin-Pasewalk und Güstrow-Rostock (über Laage) planmäßig zum Fahrplanwechsel Herbst 1998 aufgenommen. Allerdings gab es erhebliche Startprobleme, denn bei den neuen Talbot-TALENT-Triebwagen (VT 0001-0009) verzögerte sich nicht nur Ablieferung und Abnahme (die letzten Fahrzeuge gingen erst Anfang 1999 in Dienst), auch im täglichen Betrieb gab es mit den Wagen technische Pannen und auch vielerlei sonstige Schwierigkeiten (wie z.B. überfüllte Züge). So blieb der TALENT-Prototyp weiter bei der OME, und außerdem mußten zeitweise Fahrzeuge in erhebli-

OHE: »Mobile« Ölleitung zur Kesselwagenentladung am 24.9.98 in Wittingen Hafen. Die Schlauchleitung links hinten führt zum Tankschiff. *Foto: Ingrid Zeunert*

OHE: Diesellok 160074 WINSEN mit Militärzug am 27.5.99 im Bahnhof Altensalzkoth. *Foto: Dieter Riehemann*

Ostmecklenburgische: T 0009 am 10.5.99 in Neu Wokern. *Foto: Dieter Riehemann*

chem Umfange angemietet werden (neben DB-Lokzügen und VT 772 waren dies Regio-Sprinter der Dürener Kreisbahn, der NE´81-VT 410 der Württembergischen Eisenbahn-Gesellschaft und der DWA-Doppelstocktriebwagen VT 670 006).

Bei einem Besuch im Mai 1999 lief zwar auf den genannten Strecken der Betrieb mit den TALENT für den Fahrgast ohne Probleme, zwischen Neustrelitz Süd und Feldberg (wo die OME schon seit Mai 1999 den Personenverkehr bedient) war aber weiterhin der angemietete DWA-Doppelstock-VT 670 006 im Einsatz. Auf diese Strecke könnten die OME-VT allerdings ohnehin schon bald wieder der Vergangenheit angehören. Dem Land Mecklenburg-Vorpommern ist das Fahrgastaufkommen hier für die dauerhafte Aufrechterhaltung des Schienenpersonennahverkehrs zu gering, und möglicherweise kommt es schon bald zu einer Abbestellung (gleich Stillegung) dieser Bahnverbindung.

Vielleicht sind einige historische Bemerkungen von Interesse. Die Strecke Neustrelitz Süd-Feldberg wurde von der Mecklenburgischen Friedrich-Wilhelm-Eisenbahn (MFWE) gebaut und bis zu ihrer aus strategischen Gründen am 1.1.41 erfolgten Verstaatlichung auch betrieben. Der MFWE gehörten ausgehend vom Betriebsmittelpunkt Neustrelitz MFWE (heute Neustrelitz Süd) die Strecken nach Mirow mit Verlängerung bis Buschhof (Anschluß an die Prignitzer Eisenbahn) sowie nach Strasburg über Thurow, Blankensee und Woldegk. Hinzu kamen die Zweiglinien Mirow-Rechlin und Thurow-Feldberg.

Die Strecke zwischen Thurow und Strasburg wurde nach Kriegsende auf Anordnung der Sowjetischen Besatzungsmacht abgebaut (Reparationsleistung). Die Verbindungen Neustrelitz-Thurow und Thurow-Feldberg blieben (heute als eine Strecke) erhalten. Der unterschiedliche Ursprung der Streckenteile ist noch an der verschiedenen Kilometrierung zu erkennen. Personenverkehr (allerdings mit Triebwagen der DB AG) gibt es heute auch noch auf der ex MFWE-Strecke zwischen Neustrelitz Süd und Mirow, während die Linie Mirow-Rechlin diesen bereits 1967 verlor und die Verbindung von Mirow in Richtung Westen (Buschhof - ehem. Prignitzer Eisenbahn Richtung Wittstock) zum Sommerfahrplan 1998 eingestellt wurde. Dieter Riehemann

Prignitzer Eisenbahn GmbH (PEG)

Entgegen der 1998 vermuteten Entwicklung, daß wieder DB AG-Triebwagen anstelle der PEG-Schienenbusse auf der ehemaligen Brandenburgischen Städtebahn zwischen Neustadt (Dosse) und Rathenow verkehren, ist hier die PEG auch nach Beginn des Jahresfahrplans 1999/2000 noch aktiv. Die blauen Triebwagen verkehren weiterhin im Auftrag der DB AG. Inzwischen ist der Schienenersatzverkehr zwischen Rathenow und Rathenow Nord aufgehoben, und die PEG-Züge erreichen nun auch den Städtebahnhof in Rathenow mit Übergang zu Anschlußzügen in Richtung Berlin, Stendal und Brandenburg.

Der Einsatz der PEG-Schienenbusse zwischen Neustadt(Dosse) und Kyritz, bisher ebenfalls als Subunternehmen der DB AG, erfolgt seit 27.9.98 unmittelbar im Auftrag des Landes Brandenburg und wurde gleichzeitig auf die Bedienung des gesamten Schienenpersonennahverkehr über Kyritz hinaus via Pritzwalk bis Meyenburg ausgedehnt. Da es parallel dazu gelang, das Land Mecklenburg-Vorpommern als Besteller für die Strecke Meyenburg-Güstrow zu gewinnen, gibt es nun Schienenbusdurchläufe von Neustadt (Dosse) bis Güstrow, wo es dann jeweils zu einem Rendezvous mit den futuristisch wirkenden neuen Talent-Triebwagenzügen der Ostmecklenburgischen Eb. kommt.

Kurzfristig erhielt die PEG vom Land Brandenburg noch den Auftrag, auch die Strecke Neustadt (Dosse) - Neuruppin (ehemalige Ruppiner Eisenbahn) zu bedienen, die eigentlich im Sommer 1998 stillgelegt werden

OHE: OHE-Lok 160075 WITTINGEN mit Güterzug und DB AG-218 244 mit Reisezug nach Soltau am 25.5.99 in Walsrode.

OHE: Lok 8 der Werksbahn Wolff fährt mit einem Güterzug am 25.5.99 aus Walsrode nach Bomlitz aus. Rechts rangiert OHE-Lok 160075.

OHE: 120051 fährt am 27.5.99 mit einem Güterzug nach Uelzen aus dem Bahnhof Munster aus. Fotos (3) Dieter Riehemann

Ostmecklenburgische: T 0002 begegnetam 9.5.99 in Teterow einem DB AG-Regionalexpress.　　　　　Fotos (2): Dieter Riehemann

sollte. Eigene PEG-Tarife gelten nun von Neuruppin über Neustadt und Pritzwalk bis Güstrow sowie zwischen Pritzwalk und Putlitz.

Wegen der Ausbauarbeiten der DB AG an der Strecke Hamburg-Berlin glich der Bahnhofsbereich Neustadt (Dosse) 1998/1999 einer Mondlandschaft. Durch Baustellen bedingt gab es eine mehrmonatige Unterbrechung der Gleisverbindung zum Städtebahnhof sowie der Strecke Richtung Kyritz. Letzteres führte zu Schienenersatzverkehr auf dem 5 km langen Abschnitt Neustadt (Dosse)Wusterhausen, den die PEG mit einem selbst beschafften und künftig für Gelegenheitsverkehre zur Verfügung stehenden Reiseomnibus abwickelte. Damit die PEG-Triebwagen auf den Strecken Rathenow-Neustadt und Neustadt-Neuruppin aber nicht gänzlich vom übrigen PEG-Netz bzw. dem PEG-Bw in Putlitz abgeschnitten waren, erhielt die Bahn vorübergehend auch ein Zugpaar auf der Strecke Neuruppin-Wittstock-Pritzwalk (ebenfalls ex Ruppiner Eisenbahn bzw. einstige Prignitzer Eisenbahn) zugewiesen. Auf allen PEG-Strecken ist das Reisendenaufkommen keineswegs so gut, daß die bestellenden Länder den derzeitigen Schienenpersonennahverkehr als gesichert ansehen. So gelten die Bestellungen des Landes Brandenburg (Putlitz-Pritzwalk; Meyenburg-

Pritzwalk-Neustadt-Neuruppin) zunächst auch nur für zwei Jahre bis Sommer 2000. Dem Land Mecklenburg-Vorpommem haben Gutachter erst 1999 empfohlen, den Schienenverkehr zwischen Meyenburg und Güstrow abzubestellen.

Zunächst mußte die PEG aber den Triebwagenpark kräftig erweitern. Der Planbedarf stieg von drei auf sieben Fahrzeuge (1 VT für Pritzwalk-Putlitz, 3 VT für Neustadt-Pritzwalk-Güstrow, 1 VT für zusätzliche Fahrten Pritzwalk-Meyenburg, 1 VT für Neustadt-Neuruppin und 1 VT für Neustadt-Rathenow), so daß zunächst fünf weitere der vor-

Ostmecklenburgische (Neustrelitz-Feldberg): *Leihtriebwagenb VT 670 006 am 8.5.99 im Bahnhof Feldberg.*

Prignitzer: T 4 nach Rathenow (links) und T 2 nach Neuruppin am 27.2.99 in Neustadt/Dosse.   Fotos (2): Dieter Riehemann

handenen ex DB-Schienenbusse in Betrieb genommen wurden. Dabei handelt es sich um folgende Fahrzeuge:

T 5 (1997 ex DB-VT 798 698), 1998 in Betrieb
T 6 (1997 ex DB-VT 796 721), 1998 in Betrieb
T 7 (1997 ex DB-VT 796 816); 1998 in Betrieb
T 8 (1997 ex DB-VT 796 792); 1998 in Betrieb
T 9 (1997 ex DB-VT 796 723); 1998 in Betrieb

Der Fuhrpark wurde Anfang 1999 noch ergänzt durch Ankauf zweier Schienenbusse von der Dürener Kreisbahn:

T 10 (1999 ex DKB-VT 201, 1993 ex DB-VT 798 633)

T 11 (1999 ex DKB-VT 208, 1993 ex DB-VT 798 667)

Während die T 5 bis T 9 den von den T 1 -T 4 bekannten blau-roten Anstrich erhielten, laufen die T 10 und T 11 weiter in ihrer blau-beigen DKB-Grund–lackierung und nunmehr roter PEG-Anschrift.

Kurzzeitig war auch ein ex DB-Schienenbus der Klützer Ostsee-Eisenbahn (KOE) leihweise bei der PEG (mit der internen Bezeichnung T 12) im Einsatz. Die PEG ist mit dem Betriebsbestand von nunmehr 11 ex DB-Schienenbusse (als 12. Wagen befand sich 1999 der ex 798 701 in Aufarbeitung) ein echtes »Paradies« für Freunde dieser inzwischen nostalgischen, aber robusten und dem Alltagsbetrieb auf Nebenbahnen durchaus noch gewachsenen Fahrzeugtyp.

Weiter ausbauen will die PEG als zweites »Standbein« den Güterverkehr bzw. die Lokvermietung an Dritte. So gab es 1998/1999 einige Veränderungen im Lokpark, wobei diverse Eigentümerwechsel den derzeit bundesweit recht lebhaften Lokhandel widerspiegeln.

Von den 1998 vom Verein »HeiNaGanzlin« erworbenen zwei Dieselloks (Reichsbahn V 60-Type) wurde eine Lok (zusammen mit der 1997 von PCK Schwedt übernommenen und als V 2 bei der PEG eingesetzten DR V 100-Type) 1999 an die Eisenbahn-Betriebsgesellschaft (EBG) verkauft. Die andere

Prignitzer: Stangendiesellok V 4 mit demontierten Stangen (liegen auf dem Fahrwerkrahmen) am 27.2.99 in Pritzwalk.

Prignitzer (Pritzwalk-Güstrow): T 9 am 7.5.99 in Plau am See.

Fotos (3): Dieter Riehemann

V 60 (LEW 1976/15147) nahm die PEG als V 4 in Betrieb.

Ebenfalls an die EBG ging die 1998 vom Eisenbahnmuseum Prora übernommene ex DR V 201 001 und die 1998 erworbenen ex DR V 201 026 und 201 126. Die aus Prora gekommene ex DR V 228 203 (LKM 1966/280 003) dagegen ging als V 3 in den Betriebsbestand.

Zwei Großdieselloks, die 1999 in Tschechin erworben wurden (ex CD 781 436 und 781 427), erhielten die Betriebsnummern V 200.01 und 200.02

Dieter Riehemann

Rinteln-Stadthagener Verkehrsgesellschaft mbH (RStV)

Das Frachtaufkommen auf der Strecke hat sich von 1995 bis 1997 um 41 % reduziert. Zur Zeit ist keine Besserung abzusehen. Die Fa. Heye-Glas in Obernkirchen überlegt sogar ernsthaft auch die noch auf der Schiene verbliebenen wenigen Transporte auf Lkw umzustellen.

Den wenig rosigen Perspektiven zum Trotz traf im Mai 1998 endlich die neue Diesellok 150005 in

Prignitzer (Ganzlin-Röbel): T 8 auf der Fahrt von Ganzlin nach Röbel am 24.4.99 in Knüppeldamm.

Prignitzer (Neustadt-Pritzwalk): T 7 am 27.2.99 in Wuster-hausen, dem Endpunkt der Strecke während des Umbaus vom DB AG-Bahnhof Neustadt/Dosse.

DIE KLEINBAHN im Internet: http://www.kleinbahn-zeunert.de

Prignitzer: T4 nach Neustadt/Dosse am 27.2.99 in Rhatenow. Rechts die Strecke Magdeburg-Berlin.   *Fotos (2): Dieter Riehemann*

Stadthagen ein. Die Lok wurde bereits Ende 1997 von der OHE für ihre Tochtergesellschaft RStV erworben und zunächst bei der OHE eingesetzt. Die Betriebsnummer entspricht dem OHE-Schema. Bei der Lok handelt es sich um eine von der Fa. Siemens-Schienenfahrzeug-Technik (SFT; ex MaK) erworbene Vorführlok des Typs G 1205 BB der SFT (1995/1000 897, 1120 kW).   Dieter Riehemann

Prignitzer (Wittstock-Neuruppin): **T 9** am 25.4.99 im Bahnhof Fretzdorf - Kleinbahnatmosphäre hoch Drei!

Rinteln-Stadthagen: B 150005 am 28.5.98 in Obernkirchen.   Foto: Dieter Riehemann

Regental-Bahnbetriebs-Gesellschaft mbH (RBG)

Die »Kinderkrankheiten« der Regio-Shuttle sind zwar wohl weitgehend ausgeräumt, trotzdem ist die Fahrzeugdecke für den Verkehr auf der Waldbahn bzw. von Zwiesel nach Grafenau und Bodenmais sehr eng. An Schultagen müssen, wenn mindestens zwei Triebwagen ausfallen, in der Regel die aus den DB-Akkutriebwagen (ETA) entstandenen VT 9 und VT 10 einspringen. Diese beiden Triebwagen stehen als Reserve in Zwiesel und fahren dann bevorzugt zwei Zugpaare nach Grafenau.

Alle drei betriebsfähigen Esslinger-Triebwagen (VT 03, 05 und 07) befanden sich im Frühjahr 1998 wieder in Lam, wobei in der Regel einer zwischen Lam und Kötzting pendelte, einer (mit passendem VM und VS) das Schülerzugpaar Lam-Kötzting bildete und einer als Reserve diente.

Die Trasse der Strecke Viechtach-Blaibach war 1998 komplett abgebaut und im Abschnitt Viechtach-Regenbrücke bei Blaibach als Radwanderweg ausgebaut. Man hat dabei viele eisenbahntypischen Einrichtungen (z.B. Kilometersteine, Bahnsteige, Wartehallen usw.) nicht entfernt.

Der Betriebsteil Reichenbach der Regentalbahn wurde mit Wirkung vom 1.1.1998 in ein eigenständiges Tochterunternehmen, die Vogtlandbahn GmbH eingebracht. Die Vogtlandbahn betreibt Schienenpersonenverkehr auf DB AG-Strecken in inzwischen beträchtlichem Umfange.

Die Regentalbahn hat 1998 eine 55 Mio DM teure Fahrzeugwerkstatt in Neumarkt (bei Reichenbach) gebaut. Die Anlage steht den Regentalbahn-Tochtergesellschaften Regental-Fahrzeugwerkstätten GmbH und Vogtlandbahn GmbH zur Verfügung.

Die nicht mehr benötigten Dieselloks D 05 und D 06 (1992 ex DR 228 119/118 119/V 180 119 und 228 552/118 052/V 180 052) wurden Ende 1998 über OnRail an die Fa. ITL Import-Transport-Logistik GmbH, Dresden, verkauft, die sie mit grün-weißem Anstrich als Loks. 118 001 und 118 002 in Betrieb nahm.

Die ITL setzt die Loks bundesweit beispielsweise im Bauzugdienst ein oder vermietet sie auch an andere Eisenbahnverkehrsunternehmen, wie z.B. im Frühjahr 1999 an die Karsdorfer Eisenbahn.

Zuwachs gab es Ende 1998 bei den Triebwagen: Von ADtranz wurde der seit längerer Zeit angemietete ADtranz-Leihtriebwagen VT 300 (ADtranz 1997/36534) als VT 26 in den Bestand übernommen. Die gegenüber den übrigen RegioShuttles der RBG abweichende Farbgebung des VT 26 wird zunächst beibehalten.   Dieter Riehemann

Siemens AG hat Mehrheit an Krauss-Maffei

Siemens hat von der Münchener Krauss-Maffei AG die Mehrheit an den bereits bislang gemeinsam betriebenen Lokomotivaktivitäten übernommen. Mit der Aufstockung der Anteile an der Krauss-

Maffei Verkehrstechnik GmbH. von 25 % auf 75 % hat Siemens seine Stellung als international bedeutender Lokomotivhersteller weiter gestärkt. Größte Konkurrenten am Markt sind die Daimler-Chrysler-Tochter ADtranz und die französische Alsthom. Die Mannesmann-Tochter Krauss-Maffei wird weiterhin mit 25 % beteiligt bleiben.

Siemens-Prüfcenter Wegberg-Wildenrath

In Wegberg-Wildenrath hat Siemens-Verkehrstechnik das Prüfcenter für schienengebundene Verkehrssysteme errichtet. Der Betrieb wurde im Januar 1997 aufgenommen. Seither nutzt das Prüfcenter die Infrastruktur des ehemaligen Royal Air Force-Flugplatzes Wildenrath nahe der deutsch-niederländischen Grenze. Für die Standortentscheidung war ausschlaggebend die günstige Nähe zur DUEWAG in Düsseldorf und Krefeld-Uerdingen. Das Prüfgelände umfasst eine Fläche von 35 ha, und ist über einen privaten Gleisanschluss mit der DB-Strecke Mönchengladbach-Dalheim verbunden. Die idealen Erprobungsbedingungen ermöglichen Tests und Prüfungen unter extremen Betriebsbedingungen bei drastisch reduziertem Zeitaufwand. Schwerpunkt der Prüfarbeiten bilden Entwicklungsarbeiten, Typenprüfungen und Stückprüfungen für neue Ausrüstungen, Fahrzeuggenerationen und Streckenausrüstungen. Das Prüfcenter wird vor allem von Siemens-Verkehrstechnik für seine eigenen Belange genutzt. Die Testanlage steht aber auch anderen Betrieben zur Durchführung von eigenen Untersuchungen und Prüfungen zur Verfügung.
Die Gleisanlagen genügen jeder Testanforderung. Eine moderne, attraktive Infrastruktur des Prüfcenters verfügt über grosszügig ausgestattete Gebäude für die Zugbildung und Standprüfung der Fahrzeuge, über eine eigene Bahnstromversorgung, Werkstätten und freundliche, funktional ausgestattete Büros.
Der eigentliche Testbereich umfasst:

Regentalbahn (Plattling-Bay. Eisenstein): VT 24 und VT 23 nach Bay. Eisenstein am 20.5.98 in Triefenried.

Regentalbahn (Plattling-Bay. Eisenstein): Zwei RGB-Triebwagen am 19.5.98 auf dem Viadukt zwischen Tiefenried und Regen.

Regentalbahn (Plattling-Bay. Eisenstein): VT 23 (links) kreuzt am 19.5.98 mit VT 15 im Bahnhof Regen.   Fotos (3): Dieter Riehemann

Siemens-Prüfcenter Wegberg: *Zur Erprobung im Erprungsgelände abgestellte neue Triebfahrzeuge (u.a. ICE 3).* Foto: K.-H. Lackmanns

Ortenau-S-Bahn: *VT 520 (links) und VT 512 kreuzen am 9.9.98 in Oppenau.* Foto: Dieter Riehemann

Ortenau-S-Bahn: *VT 523 am 9.9.98 in Bad Griesbach.* Foto: Dieter Riehemann

1) Einen großen, 6.082 m langen Testring T1 mit Normalspur (1435 mm) für Geschwindigkeiten bis 160 km/h, der als Ergänzung einen Alternativfahrweg mit einer 350 m S-Kurve enthält.

2) Einen 2.485 m langen Testring T2 für Geschwindigkeiten bis 100 km/h auf Normal- und Meterspur, der mit einem Alternativfahrweg ergänzt werden kann.

3) Ein gerades und ebenes 1.400 m langes Testgleis T3 mit Normal- und Meterspur, vorbereitet für Breitspur.

4) Ein Testgleis T4 mit Normal- und Meterspur, engen Kurven und zahlreichen Krümmungswechseln.

5) Ein Testgleis T5 mit Normal- und Meterspur, extremen Neigungsverhältnissen und kleinen Ausrundungshalbmessern.

Die Gleise des Testbereiches besitzen eine Fahrleitung für Gleich- und Wechselspannungsbetrieb (2.400 A/25 kV).

Der kleine Testring T2 und das lange Testgleis T3 sind zusätzlich mit einer Stromseitenschiene ausgerüstet.

Kuppelstellen im Testring T1 bieten die Möglichkeit Systemwechsel und Phasenstromstellen nachzubilden. Den Ein- und Ausfahrgleisen der Testringe sind Bereitstellungsgleise vorgelagert. Eine 11.000 qm große Halle für Zugbildung und Standprüfungen komplettiert den Testbereich. Das Werksgelände ist für die Öffentlichkeit nicht zugänglich und darf ohne besondere Genehmigung nicht betreten werden. Die Teststrecken können von einigen Stellen aus eingesehen und fotografiert werden. Dieses gilt vor allem für den Bereich der Gleis-Schiebekreuzung im Bereich DB AG-Zufahrt zum Prüfcenter. Klaus Bäuerlein

Südwestdeutsche Verkehrs-AG (SWEG) Ortenau-S-Bahn GmbH (OSB)

Ortenau-S-Bahn

Zum Sommerfahrplan 1998 hat die Ortenau-S–Bahn, eine einhundertprozentige Tochtergesellschaft der SWEG, den Nahverkehr bzw. große Teile davon

Siemens Prüfcenter, Wegberg/Niederrhein: Luftaufnahme der Anlage, auf der noch deutlich die Start- und Rollbahnen des ehemaligen RAF-Flughafens zu erkennen sind. *Werkfoto Siemens*

auf folgenden Strecken der DB AG übernommen:
- Offenburg-Biberach-Hausach (Schwarzwaldbahn, neben DB AG-Zügen)
- Kehl-Offenburg (Umfahrung Appenweier, neben internationalen DB AG-Zügen)
- Kehl-Appenweier (neben internationalen DB AG-Zügen)
- (Offenburg-) Appenweier-Bad Griesbach (OSB bedient gesamten Personenverkehr auf der Renchtalbahn)
Morgens gibt es ferner ein OSB-Zugpaar auf der DB AG-Strecke zwischen Offenburg und Achern.
Zum Einsatz gelangen Regio-Shuttles mit Klimaanlage (teilweise auch als mehrteilige Züge), die die SWEG für ihre Tochtergesellschaft neu beschafft hat (VT 509-526). Die OSB-VT erledigen allerdings auch den Gesamtverkehr auf den SWEG-Strecken Achern-Ottenhöfen (in Ottenhöfen ist ein neues Bw für die OSB-VT gebaut worden) sowie Biberach-Oberharmersbach (neuer stark ausgeweiteter Fahrplan, auch wieder Verkehr an Samstagen und Sonntagen).
Die OSB-Regio-Shuttles tummeln sich damit in der gesamten Region. Für die Bereisung der alten und neuen Privatbahnlinien empfiehlt sich ein günstiges Tagesticket der Tarifgemeinschaft Ortenau, der alle Strecken angehören.
Bei einem Besuch im Herbst 1998 stellte sich die Situation auf den SWEG-Strecken folgendermaßen dar:

SWEG-Nebenbahn Achern-Ottenhöfen
V 100 wickelt morgens nur noch den Güterverkehr ab. Alle Reisezugleistungen werden von Regio-Shuttles der OSB erbracht. Die Umgehungsstraße Kappelrodeck war noch längst nicht fertiggestellt. Der Vollendung entgegen ging aber das Brückenbauwerk bei Furschenbach (Eisenbahnbrücke über die neue Straße). Das Bahnhofsgebäude Ottenhöfen wurde gerade äußerlich renoviert, während das in Kappelrodeck leer steht, zunehmend verfällt und verwahrlost. Das Verkehrsangebot wurde nicht ausgeweitet; der Schienenfahrplan ist in seiner Struktur noch wie eh und je.

SWEG-Nebenbahn Biberach-Oberharmersbach
Der Schienenfahrplan wurde ab 24.5.98 erheblich verdichtet und auf alle Tageszeiten ausgeweitet, allerdings von Montag bis Freitag zwar elf Zugpaare aber kein Taktfahrplan und zur Verdichtung des Angebotes auch noch einige Buskurse; an Samstagen und Sonntagen nur Schienenverkehr neun bzw. sechs Zugpaaren im Zweistundentakt. Den Verkehr haben mit Klimaanlage ausgerüstete Regio-Shuttles der Ortenau-S-Bahn" (OSB) übernommen.
Der Oberbau ist in gutem Zustand. Auf allen Stationen stehen Fahrscheinautomaten. Das neue Zugangebot wird gut angenommen. Der Bahnhof Zell ist seit 25.5.98 unbesetzt, das Empfangsgebäude stand leer. Die Aufgaben der örtlichen Betriebsleitung werden von Ottenhöfen aus wahrgenommen, während die sonst vom Fahrdienstleiter Zell handbediente Schranke verschwunden und der Bahnübergang zur Zeit nur mit Andreaskreuzen gesichert ist. In Zell standen abge-

SWEG Achern-Ottenhöfen: OSB-VT 517 am 14.5.99 in Furschenbach.

SWEG Achern-Ottenhöfen: OSB-VT 514 kreuzt am 11.9.98 mit V 100 in Furschenbach.

SWEG Achern-Ottenhöfen: V 100 mit Güterzug am 11.9.98 zwischen Furschenbach und Ottenhöfen West. Fotos (3): Dieter Riehemann

stellt VT 104 + VS 235. VT 104 wird wohl vereinzelt noch als Schlepptriebwagen eingesetzt, weil die OSB-Triebwagen keine normale Zug- und Stoßvorrichtung besitzen.

Das schöne Bahnhofsgebäude in Oberharmersbach-Riersbach ist abgerissen worden, das Bw aber noch vorhanden. Dort waren im September 1998 zwei Regio-Shuttles der OSB stationiert.

Dieter Riehemann

SWEG-Kaiserstuhlbahn Breisgau-S-Bahn GmbH (BSB)

Die Breisgau-S-Bahn GmbH (BSB), eine gemeinsame Tochtergesellschaft der SWEG und der Freiburger Verkehrsbetriebe AG, hat bis Frühjahr 1998 alle neun von ihr bestellten Regio-Shuttles erhalten. Die Triebwagen (Betr.-Nr. VT 001-009) sind im 1997/98 erweiterten Bw Endingen der SWEG stationiert und kommen auf der DB AG-Strecke Freiburg-Breisach (teilweise fünffach gekuppelt) zum Einsatz. Auf den anschließenden SWEG-Strecken ab/bis Endingen sind sie aber planmäßig, besonders in Verbindung mit Einrück-, Ausrück- und Personalwechselfahrten (siehe S-Bahn-Symbol im Fahrplan), anzutreffen. Es kann umlaufbedingt auch zu gemischten BSB/SWEG-Zügen kommen.

SWEG- und BSB-Regio-Shuttles unterscheiden sich nicht nur in farblicher Art. Auffällig bei den BSB-Wagen sind je zwei Dachaufsätze, die auf die eingebaute Klimaanlage hinweisen. Mit Lieferung der BSB-eigenen Fahrzeuge konnten die an die BSB verliehenen und mit Klebefolien optisch in BSB-Triebwagen »verwandelten« sechs SWEG-RS (VT 501-506) zurückgegeben werden.

Die SWEG- und BSB-Regio-Shuttles beherrschen inzwischen den Zugbetrieb auch auf den SWEG-Strecken am Kaiserstuhl. Lediglich im Schülerverkehr auf der Strecke Riegel-Endingen-Jechtingen (-Breisach) war im Mai 1998 neben einer dreiteiligen VT-NE´81-Garnitur morgens noch ein lokbespannter Zug mit älteren zwei- und vierachsigen Beiwagen eingesetzt. Durch frei werdende NE´81-Fahrzeuge auf der Münstertalbahn bzw. bei Meckesheim-Aglasterhausen-Hüffenhardt sollten bis Herbst 1998 alle MAN- und Esslinger-Fahrzeuge endgültig abgestellt werden, so daß neben den neuen Regio-Shuttles nur noch NE´81-Fahrzeuge für den Schülerverkehr vorzuhalten sind.

Bereits 1996 ordneten DB AG und SWEG den Güterverkehr am Kaiserstuhl neu. Die DB AG bringt nun die Übergabe von Freiburg bis zum SWEG-Bahnhof Bötzingen (Strecke Gottenheim - Riegel-Ort); alle weiteren Fahrten erledigt die SWEG. Da aber die hauptsächlichen Kunden in Bötzingen ansässig sind (Anschlüsse werden von SWEG-Lok bedient), kommt das selten vor. Falls ja, fährt der Güterzug mit SWEG-Lok entweder über Gottenheim und Breisach nach Endingen oder (meistens als Lokzug) auf direktem Wege dorthin. Am Nachmittag geht es zwecks Übergabe an die DB wieder von Endingen nach Bötzingen und zurück. In Riegel DB AG findet planmäßig kein Wagenaustausch mit der DB AG mehr statt.   Dieter Riehemann

SWEG Biberach-Oberharmersbach: *OSB-VTs 515 und 525 nach Offenburg (links) und OSB-VT nach Oberharmersbach am 7.9.98 in Biberach/Baden.*

SWEG-Nebenbahn Meckesheim-Aglasterhausen-Hüffenhardt

Durch die nach und nach bis zum Jahr 2002 beabsichtigte Schließung der Militärdepots in Siegelsbach bewegt sich das Güteraufkommen auf den Nullpunkt zu. Bei einem Besuch im Mai 1999 hafte das Anschlußgleis bereits dicken Rost angesetzt. Der Güterverkehr auf dem gesamten Netz beschränkte sich auf einige Wagen für Holzverladung am Bahnhof Waibstadt. Die Strecke Neckarbischofsheim-Stadt - Hüffenhardt ist ohne den Güterverkehr ernsthaft gefährdet, denn abgesehen vom Schülerverkehr ist der Personenverkehr hier völlig unbedeutend. Man darf ohnehin gespannt sein, wie es mit dem nördlichsten SWEG-Betrieb weitergehen wird, denn räumlich hat sich die SWEG ja nach und nach auf ganz andere Regionen konzentriert.

SWEG Biberach-Oberharmersbach: *VT 104 am 12.5.98 in Kirnbach-Grün.*

SWEG Biberach-Oberharmersbach: *OSB-VT 514 am 7.9.98 vor dem Fahrzeugschuppen in Oberharmersbach-Riersbach.   Fotos (3): Dieter Riehemann*

Die Kleinbahn 53

SWEG-Kaiserstuhlbahn: VT 507 am 9.5.98 in Breisach.   Fotos (3): Dieter Riehemann

SWEG-Kaiserstuhlbahn: VT 508 (rechts) und VT 507 am 9.5.98 in Endingen.

SWEG-Meckesheim: VS 142 + VT 27 am 18.5.99 in Neckarbischofsheim-Stadt.

Für den Eisenbahnfreund besonders interessant ist dieser SWEG-Betrieb, da hier die letzten MAN-Triebwagenzüge der SWEG im Planbetrieb zu sehen sind. Im Mai 1999 waren das VT 27 + VS 142 sowie VT 11.

Dieter Riehemann

SWEG Bühl-Schwarzach-Stollhofen-Greffern-Sölfingen (MEG-Stammbahn)

V 70 ist Stammlok und besorgt unverändert den Gesamtverkehr, der sich zu fast 100 % aus dem Aufkommen des Chemiewerkes in Greffern (DOW-Chemicals) zusammensetzt. Das Aufkommen für die Schiene ist in den letzten Jahren wieder etwas besser geworden. Dazu beigetragen hat u.a. ein seit Herbst 1998 dreimal wöchentlich von der BASF mit eigenen Loks zwischen Ludwigshafen und Bühl gefahrenes Güterzugpaar. Die SWEG-V 70 besorgt den Vor- bzw. Nachlauf vom/zum Werk Greffern. Mo+Mi+Fr ist die V 70 dann am Vormittag ein weiteres Mal auf der Strecke zu sehen, allerdings sollte man sich als Fotograf von dem BASF-Zug auch nicht zu viel versprechen, denn mehr wie drei bis sechs Wagen hat er selten.

Dieter Riehemann

SWEG-Münstertalbahn (Bad Krozingen-Untermünstertal)

Die bereits für Sommer bzw. spätestens Fahrplanwechsel Herbst 1998 geplante Ablösungen der MAN- bzw. NE´81-Triebwagen auf der Münstertalbahn durch Regio-Shuttles verzögerte sich mehrfach, aber bis zum Jahresende 1998 war dann auch die Münstertalbahn fest in der Hand von planmäßig drei der SWEG-Regio-Shuttles aus der Reihe VT 501-508 (ein Umlauf mit Solo-VT, ein Umlauf VT+VT). Bei den im Mai 1999 dort gesichteten Wagen war inzwischen auch eine Klimaanlage nachgebaut worden, auf die man bei den SWEG-VTs gegenüber zu den für die OSB bzw. BSB beschafften VTs bei der Bestellung verzichtet hatte.   Dieter Riehemann

Breisgau-S-Bahn: VT 002 + VT 001 + VT 007 am 8.9.98 in Freiburg Hauptbahnhof.

SWEG Kaiserstuhlbahn: SWEG-V 102 und DB AG-Diesellok 290 181 am 11.5.98 beim Wagenaustausch in Bötzingen.

Fotos (2): Dieter Riehemann

Die Kleinbahn 55

SWEG-Münstertalbahn: VT 506 + 507am 15.5.99 in Etzenbach.

SWEG/MEG-Stammbahn: V 70 mit Güterzug am 14.5.99 bei Hildmannsfeld.

RVM-Tecklenburger: Lok 45 mit Güterzug am 4.6.99 zwischen Recke und Bad Steinbeck.   Fotos (3): Dieter Riehemann

Regionalverkehr Münsterland GmbH Tecklenburger Nordbahn

Nachdem Ende März 1999 der VW-Vertrag mit den Karmann-Werken wie vorhersehbar auslief, endete die Produktion von Golf-Variant im Karmann-Zweigwerk Rheine und damit das erhebliche Transportaufkommen für die RVM. 1998 beförderten die RVM-Güterzüge insgesamt 95.000 Tonnen, an denen der Karmann-Verkehr über 50 % Anteil hatte.

1999 sind jetzt zunächst wieder nur noch um die 40.000 Tonnen zu erwarten. Trotzdem wird man 1999 etliche Oberbauerneuerungen entlang der Strecke durchführen können. Altbrauchbare Gleisjoche wurden von der DB AG (entbehrliche Anlagen in Rheine Rbf) erworben, an Ort und Stelle selbst ausgebaut und dann abtransportiert.

Lok 28 wurde im Frühjahr 1999 für zunächst ein Jahr an die Neusser Eisenbahn vermietet, so daß nur noch Lok 45 aber keine Reservelok mehr zur Verfügung steht. Bei plötzlichem Ausfall der Lok 45 kann das zu Problemen führen, denn bis die WLE-Ersatzlok aus Lippstadt angerückt ist vergehen möglicherweise etliche Stunden.   Dieter Riehemann

Tegernsee-Bahn-Betriebsgesellschaft mbH

Mit Betriebsaufnahme der Bayerischen Oberlandbahn stellt die Tegernsee-Bahn dem neuen Bahnbetreiber nur noch die Infrastruktur gegen Entgelt zur Verfügung. Die eigenen Lokomotiven und Wagen standen zum Verkauf (V 65–12, D, MaK 1960/600 154, 650 PS; V 14, B´B´, MaK 1982/1000 800, 745 kW, Typ G 1203 BB). V 14 hatte im Frühjahr 1998 noch eine HU erhalten und mußte über mehrere Wochen von der Reserve-MaK-Stangenlok V 65–12 ersetzt werden.
Dieter Riehemann

Vogtlandbahn: *Äussere Schneeberger Strasse in Zwickau mit VT 45 auf dem Dreischienengleis.*   Foto: Dieter Riehemann

Verband Deutscher Verkehrsunternehmen (VDV)

Mit dem Beitritt von DB Cargo zum Verband Deutscher Verkehrsunternehmen (VDV) am 1.4.98 gibt es zum erstenmal in der Geschichte der deutschen Eisenbahnen eine Vertretung des gesamten Schienengüterverkehrs. Die staatlichen Eisenbahnen waren bisher nicht in Verbänden organisiert. Der VDV vertrat neben dem ÖPNV einschließlich des SPNV der DB AG (Beitritt 1992) nur die Nichtbundeseigenen Eisenbahnen (NE) des öffentlichen und nichtöffentlichen Verkehrs. DB Cargo und NE versprechen sich von diesem Beitritt eine bessere Kooperation zur Stärkung der Marktposition der deutschen Eisenbahnen auf dem europäischen Güterverkehrsmarkt. Ein geschlossenes Auftreten für den Schienengüterverkehr wird aber vor allem dessen Stellenwert in der Verkehrspolitik erhöhen. Der VDV sieht dabei eine der Hauptpositionen in der Forderung nach fairen Wettbewerbsbedingungen für die Eisenbahnen. Er setzt sich bereits seit langem für eine Wettbewerbsgleichheit der Eisenbahnen in Europa bei der Finanzierung der Infrastruktur und dem Marktzugang ein.   VDV/pr.

Vogtlandbahn GmbH

Die Vogtlandbahn GmbH besteht seit dem 1.1.1998 als Tochtergesellschaft der Regentalbahn (RBG) mit Sitz in Reichenbach. In ihr ist der gesamte RBG-

Betriebsteil Reichenbach aufgegangen. Die RBG bzw. Vogtlandbahn betreibt seit dem 23.11.1997 endlich das ihr ursprünglich zugedachte Liniennetz mit den Strecken Zwickau-Falkenstein-Zwotental-Adorf und Herlasgrün-Falkenstein-Zwotental-Klingenthal. Hier gilt einen Zweistundengrundtakt, der aber montags bis freitags auf den meisten Strecken zum Stundentakt verdichtet ist. Zwischen Falkenstein und Zwotental bzw. umgekehrt fahren die Züge im Grundtakt vereinigt. Die Vogtlandbahn konnte das Fahrgastaufkommen dieser Strecken von täglich 300 auf numnehr etwa 1200 Reisende steigern. Die Strecken, die weiterhin der DB AG gehören, waren (ausgenommen Zwotental-Adorf) im Frühjahr 1998 komplett erneuert bzw. durchgearbeitet worden. Einige Stationen wurden zu Haltepunkten zurückgebaut. Auf den wenigen noch für den Güterverkehr geöffneten bzw. für Zugkreuzungen erforderlichen Bahnhöfen sind nur noch die notwendigen Gleisanlagen in Betrieb geblieben. Das gesamte örtliche Betriebspersonal ist zurückgezogen worden. Bedient werden die Signalanlagen des ganzen Netzes vom neuen kleinen elektronischen Zentralstellwerk in Falkenstein. Die Vogtlandbahn hat auf ihrem Netz, zu dern ja weiterhin auch die schon zuvor befahrene Strecke Zwickau-Reichenbach-Herlasgrün-Plauen-Adorf-Bad Brambach gehört (mit nun ca. 2500 täglichen Passagieren statt zuvor 1100), eigene Tarife. Der Fahrkartenverkauf erfolgt über Automaten im Zug (für Geldkarten, sonst leider nur Hartgeld möglich; bei den weiten Strecken und entsprechenden Preisen ein wenig zufriedenstellender Zustand!)

Vogtlandbahn: VT 33 (links) und VT 38 kreuzen am 22.5.98 in Lengenfeld.

Vogtlandbahn: VT 38 am 22.5.98 in Rodewisch.

Vogtlandbahn: VT 36 von Klingenthal nach Herlasgrün am 21.5.98 am Haltepunkt Zwota-Zechenbach.   *Fotos (3): Dieter Riehemann*

oder Agenturen. Die Triebwagenflotte der DUEWAG-Regio-Sprinter hat sich von acht Fahrzeugen (VT 31-38) auf achtzehn Fahrzeuge (Neulieferung VT 39-48; Innenausbau aber teilweise durch DWA-Werk Bautzen) erhöht. Toiletten waren im Frühjahr 1998 leider in den älteren Wagen immer noch nicht nachgebaut und auch bei den Nachlieferungen nicht vorhanden. Die 1997 gelieferten Wagen sind dafür aber nach EBO und BOStrab zugelassen, so daß damit auch auf den dreischienigen Zwickauer Straßenbahnstrecken gefahren werden kann.

Seit dem 24.5.198 befährt ein Triebwagen der Vogtlandbahn anstelle eines DB-VT 771 nun auch die DB AG-Strecke Plauen-Schleiz West. Zwischen Plauen und Schönberg (dieser Streckenteil liegt in Sachsen) ist die Vogtlandbahn hier im Auftrag der DB AG tätig, auf dem restlichen Streckenteil hat das dort zuständige Land Thüringen die Leistungen direkt bei der Vogtlandbahn bestellt.

Die Regentalbahn hat 1998 eine 55 Mio DM teure Fahrzeugwerkstatt in Neumarkt (bei Reichenbach) gebaut. Die Anlage steht den Regentalbahn-Tochtergesellschaften Regental- Fahrzeugwerkstätten GmbH und Vogtlandbahn GmbH zur Verfügung.

Seit dem 30.5.1999 fahren die zehn nach BOStrab zugelassenen Regio-Sprinter der Vogtlandbahn von Klingenthal über Zwickau Hbf hinaus bis Zwickau-Zentrum. Die Fahrten im Stundentakt führen zunächst über ein ehemaliges Industriegleis, dann gemeinsam mit der Neubaustraßenbahnstrecke (Dreischienengleis, da die Strab hier 1000 mm Spurweite hat) über die Äußere Schneeberger Straße zur neuen Zentralhaltestelle für den ÖPNV. Die Straßenbahnlinie wurde im Herbst 1999 eröffnet.

Geplant war noch 1999 mit den Bauarbeiten zur Wiederherstellung der seit Ende des Zweiten Weltkriegs unterbrochenen Eisenbahnverbindung zwischen Klingenthal und Hranicna (Tschechien) zu beginnen. Im wesentlichen muß dabei eine Brücke in Klingenthal wieder aufgebaut werden. Ab Sommer

Vogtlandbahn: VT 44 (1435 mm) und ein Strassenbahnzug (1000 mm) auf Probefahrt am 22.9.99 im Zentrum von Zwickau.

Foto: Dieter Riehemann

bzw. Herbst 2000 sollen dann die Vogtlandbahn-Regio-Sprinter von Klingenthal über Hranicna nach Kraslice (wahrscheinlich aber sogar bis Sokolov) grenzüberschreitend durchgebunden werden. Auf tschechischer Seite führt den Eisenbahnbetrieb hier zur Zeit auch eine Privatbahn (Viamont), die dann die Vogtlandbahn-Triebwagen zwischen Klingenthal und Sokolov mit eigenem Personal fahren wird. Dieter Riehemann

Siemens Verkehrstechnik

Das Eisenbahnbundesamt (EBA) hat dem von Siemens Verkehrstechnik entwickelten Diesel-leichttriebwagen RegioSprinter die erweiterte Bauartzulassung für eine Höchstgeschwindigkeit von 120 km/h erteilt. Damit wurde ein weiterer Meilenstein auf dem Weg zu innovativen, leichten und kostengünstigen Schienenfahrzeugen erreicht. Die bisherige Bauartzulassung galt für eine Höchstgeschwindigkeit von 100 km/h.

Die für die erweiterte Bauartzulassung erforderlichen technischen Analysen und Messungen erfolgten in enger Zusammenarbeit mit dem

Vogtlandbahn: Regio-Sprinter VT 35. Werkfoto Siemens

Institut für Schienenfahrzeuge und maschinelle Bahnanlagen der Universität Hannover, der Deutschen Eisenbahn-Consulting, Berlin, sowie der Siemens-Tochter DUEWAG, Krefeld-Uerdingen. Gemäß der Eisenbahn-Bau- und Betriebsordnung (EBO § 2 Abs. 2) weist der RegioSprinter demnach bei einer Höchstgeschwindigkeit von 120 km/h mindestens die gleiche Sicherheit wie Regelfahrzeuge auf. Außerdem entfallen für den RegioSprinter die betrieblichen Einschränkungen, die mit den vom Bundesminister für Verkehr erlassenen »Besonderen Bedingungen für das Verkehren von leichten Nahverkehrstriebwagen (LNT) im Mischbetrieb mit Regelfahrzeugen der Eisenbahnen des öffentlichen Verkehrs« verbunden sind.

Seit seiner Betriebsaufnahme Mitte 1995 ist der Dieselleichttriebwagen RegioSprinter bei mehreren in- und ausländischen Privatbahnen wie der Dürener Kreisbahn, der dänischen Naerum Jernbane und der Vogtlandbahn erfolgreich im Einsatz.

Dank seines modernen Nahverkehrsdesigns sowie seines hohen Beschleunigungsvermögens, das hohe Taktfrequenzen ermöglicht, verzeichnen diese Bahnen eine stetige Zunahme des Fahrgastaufkommens. Siemens Verkehrstechnik/pr.

Waldhof (Alzey-Kirchheimbolanden): Lok 01 mit Arbeitszug am 21.8.99 im Bahnhof Morschheim.   Foto: Dieter Riehemann

Kieler Vossloh Schienenfahrzeugtechnik GmbH (VSFT)

Der Vorsitzende des Vorstandes der Vossloh AG (weltweit 4000 Mitarbeiter, 1 Milliarde DM Jahresumsatz), Burkhard Schuchmann, zog unlängst im Kieler Traditionswerk für Lokomotivbau (ex Deutsche Werke Kiel (DWK), ex Maschinenbau-Anstalt Kiel (MaK), ex Siemens Schienenfahrzeugtechnik) ein positives Fazit unter das erste Jahr der Kieler Vossloh Schienenfahrzeugtechnik GmbH (VSFT): »Seit wir die damalige Siemens Schienenfahrzeugtechnik GmbH übernommen haben, sind die Auftragseingänge spürbar gestiegen.« Bei einem für das Geschäftsjahr 1999 angestrebten Umsatz von ca. 100 Mio DM belaufe sich der derzeitige Auftragsbestand auf etwa 400 Mio DM. Zurzeit bearbeitet das Unternehmen mehr als sechzig Projekte mit einem Gesamtvolumen von zirka 1,3 Milliarden DM. Das Unternehmen profitiert von dem Wettbewerbsvorteil, Neubau und Instandhaltung zu kombinieren. Dieses Zusammenspiel von Produktion und Dienstleistung soll weiter ausgebaut werden.

In den Kieler Fertigungsstätten werden seit mehr als fünfzig Jahren dieselhydraulische Lokomotiven hergestellt. Um wieder an die erfolgreichen Zeiten des ehemaligen MaK-Lokbaus anknüpfen zu können, wird die VSFT zu einer eigenständigen und voll funktionsfähigen Unternehmenseinheit mit Entwicklung, Produktion und Vertrieb ausgebaut. Die Mitarbeiterzahl soll von 400 auf 450 aufgestockt werden. Ausgebaut soll auch die Instandhaltung eigener wie fremder Loktypen werden. In wenigen Jahren werde der Konzernbereich Eisenbahn und Verkehr eine Milliarde DM umsetzen.

Bahngesellschaft Waldhof AG (BGW)

Zum 1.7.1999 hat die RP-Eisenbahn GmbH (Tochter der Bahngesellschaft Waldhof, die zu 49 % im Besitz der Lagerhausgesellschaft Rhenus ist) die Infrastruktur der Strecke Langenlonsheim-Simmern-Morbach auf Pachtbasis von der DB Netz AG übernommen.

Mit erheblichem finanziellen Aufwand wurde die seit 1996 von der BGW bzw. RP-Eisenbahn betriebene ex DB-Strecke Alzey-Kirchheimbolanden saniert, um ab dem 30.5.1999 zunächst befristet für ein Jahr wieder planmäßigen Reisezugbetrieb anbieten zu können. Der Schienenpersonenverkehr (hier übrigens schon 1951 eingestellt) kann aus technischen Gründen (defekte Brücke) aber nicht bis zum Bahnhof Kirchheimbolanden laufen, sondern endet am Stadtrand an einem provisorisch errichteten Haltepunkt.

Je nach Wochentag fahren 14-16 Reisezugpaare. An Sonn- und Feiertagen gibt es durchlaufende DB-VT 628 aus Mannheim. Alle übrigen Fahrten finden unter Regie der Eurobahn GmbH statt. Dafür sind LVT/S der DWA angemietet, die bei der Hessischen Landesbahn durch Anlieferung der eigenen Neubautriebwagen des Typs GTW 2/6 nicht mehr als Mietfahrzeuge benötigt wurden. Zum Start am 30.5.99 war das aber noch nicht so weit, und die

Karsdorfer Eisenbahn mußte mit einem LVT/S der Burgenlandbahn aushelfen. Als Reserve stand der seit 1998 Eisenbahnfreunden gehörende ex SWEG-VT 114 (Esslingen 1952/23 497, 1969 ex Moselbahn) zur Verfügung.

Bei der Eurobahn GmbH handelt es sich übrigens um eine gemeinsame Tochtergesellschaft der Bahngesellschaft Waldhof AG (40 %) und der VIAG.T.I. (60 %; französisches ÖPNV-Unternehmen). Die Eurobahn GmbH hat Anfang 1999 auch den Zuschlag bekommen, ab Sommer 2000 die ostwestfälische DB-Strecke Rahden-Bünde-Herford-Bielefeld-Lemgo im Schienenpersonennahverkehr zu bedienen.

Dieter Riehemann

Waldhof (Alzey-Kirchheimbolanden): Lok 01 rangiert am 20.5.99 Bauzugwagen in Morschheim.

WEG-Nebenbahn Ebingen-Onstmettingen

Am 29.7.98, dem letzten Schultag vor dem Beginn der Sommerferien in Baden-Württemberg, verkehrte der zunächst letzte Zug auf der 8 km langen WEG-Talgangbahn, die die heutigen Albstädter Stadtteile Ebingen (Übergang zur DB AG-Strecke) und Onstmettingen miteinander verbindet.

Die Strecke hatte in den letzten Jahren ihren gesamten Güterverkehr (es gab einen sehr starker Stückgutverkehr) verloren. Der Personenverkehr wurde bereits seit Jahrzehnten vorwiegend von Strassenbussen erledigt und hatte auf der Schiene nur noch für den Schülerverkehr Bedeutung (zwei Zugpaare Gesamtstrecke und ein Zugpaar Onstmettingen-Tailfingen jeweils an Schultagen). Da demnächst Investitionen in Höhe von ca. 15 Mio DM zur Instandsetzung von Brücken und des Oberbaus anstehen, möchte die WEG diese nicht tätigen wenn auf der Strecke weiterhin nur Schülerverkehr abgewickelt wird. Das Unternehmen möchte die Talgangbahn aber erhalten und sanieren, wenn künftig mehr Zugleistungen (also wieder »richtiger« SPNV) bestellt wird. Da lediglich der Bahnhof Onstmettingen etwas am Ortsrand, die Strecke aber zu den Albstädter

Waldhof (Alzey-Kirchheimbolanden): VT 504 002 (links) und VT 504 005 am 25.9.99 in Morschheim.

Waldhof (Alzey-Kirchheimbolanden): Lok 01 am 20.5.99 an der Verladerampe des Schotterwerks in Kirchheimbolanden. Foto (3): Dieter Riehemann

WEG (Ebingen-Onstmettingen): VT 09 + VS 111 + VS 112 am 15.5.98 in Albstadt-Onstmettingen.   Fotos (4): Dieter Riehemann

WEG (Gaildorf-Untergröningen): VT 36 und V 125 rangieren am 17.9.96 in Laufen.

WEG (Gaildorf-Untergröningen): Leihtriebwagen VT 114 am 16.11.99 in Gaildorf West.

Stadtteilen Truchtelfingen und Tailfingen recht günstig liegt, ist dies sicher gut vorstellbar. Neben einem Taktverkehr mit WEG-VT könnten zum Beispiel auch die von Tübingen kommenden und zur Zeit alle zwei Stunden in Ebingen endenden HzL-Triebwagen bis Onstmettingen verlängert werden.

Die dreiteilige Onstmettinger Triebwagengarnitur (VT 09, VS 111 und VS 112) wurde nach Untergröningen umgesetzt.

Dieter Riehemann

WEG-Nebenbahn
Gaildorf-Untergröningen

Der 1997 in einen Bahnübergangsunfall verwickelte VT 05 wurde 1999 verschrottet. Beim VT 06 führte ein weiterer Unfall (ihn rammte 1998 ein Lkw) dazu, dass er nur noch notdürftig als »eiserne Reserve« hergerichtet wurde. Da inzwischen VT 36 wieder fit war und auch die Onstmettinger-Triebwagengarnitur (VT 09, VS 111 und VS 112) nach Untergröningen kam, glaubte man, so trotzdem allen Widrigkeiten gewappnet zu sein.

Aber weit gefehlt. VT 09 erlitt einen Getriebeschaden und VT 36 musste erneut für etliche Monate in die Neuffener Werkstatt. Ab Sommer 1999 kam der ex SWEG-VT 114 als Stammwagen zwischen Gaildorf und Untergröningen zum Einsatz. Der Triebwagen VT 114 (Esslingen 1952/23 497) gehört seit 1998 dem EVU einer Eisenbahnfreundevereinigung und wurde in Gaildorf mit WEG-Aufklebern versehen, obwohl er nur angemietet war. Der VT 36 wurde für Ende November/Anfang Dezember 1999 aus Neuffen zurückerwartet.

DEG-V 122 (ex RStE), seit Ende 1995 leihweise bei der WEG-Bahn, wurde gekauft.

Dieter Riehemann

WEG-Nebenbahn
Nürtingen-Neuffen
(Tälesbahn)

Die von der WEG für die Tälesbahn bestellten weiteren drei Regio-Shuttles (wahrscheinliche Betr.-Nr. VT 417-419) sollten

WEG (Gaildorf-Untergröningen): *VS 125 (vor dem Lokschuppen) und RStE-V 122 am 18.9.96 in Untergröningen.*

noch 1999 zur Auslieferung kommen. Die Wagen werden die Altbaufahrzeuge ersetzen, die derzeit noch den Gesamtbetrieb zwischen Nürtingen und Neuffen abwickeln. Die Neubauwagen erwartet man inzwischen dringend, denn bei Ausfällen im dezimierten Triebwagenbestand kam es in den letzten Monaten zeitweise zu erheblichen Fahrzeugengpässen. Bei einem Besuch im Mai 1999 teilten sich die beiden WEG-Oldtimer VT 401 und 402 (im Schüler- und Berufsverkehr mit VS 240 und/oder VB 101 und 104) als Planfahrzeuge den Verkehr. Die Esslinger VT 403 (Unfallschaden vom Oktober 1995) und 405 (Getriebeschaden seit Juli 1998) waren abgestellt in Neuffen zu sehen und werden wohl nicht wieder in Betrieb gehen. Wegen des Güterverkehrs nach Roßdorf ist zu vermuten, dass mindestens der VT 401 auch nach Lieferung der Regio-Shuttles in Neuffen verbleibt und damit ein über sechzig Jahre altes Unikat seiner langjährigen Heimat treu bleibt.
Aber nicht nur neue Fahrzeuge werden das Gesicht der Tälesbahn verändern, der Ausbau der Strecke (Oberbau. Haltepunktmodernisierung, Bahnübergangssicherungen) wird höhere Geschwindigkeiten zulassen und die Abdeckung eines Dreissigminutentaktes mit nur einem Fahrzeugumlauf ermöglichen. Nach Fertigstellung des Streckenausbaus (geplant bis 1.6.2000) wird ein neuer verdichteter Fahrplan in Kraft treten. Die etwa 18 Mio DM Investitionen teilen sich WEG und die kommunalen Organe und Verbände.
Die in Neuffen teilweise seit vielen Jahren als Ersatzteilspender abgestellten WEG-T 02 (abgestellt

1978, zuletzt Reutlingen-Gönningen) und VT 07 (abgestellt 1985, zuletzt ebenfalls Reutlingen-Gönningen) wurden 1998 verschrottet.

Dieter Riehemann

Westerwaldbahn

Die Westerwaldbahn hat zum 24.5.198 von der DB AG die Infrastruktur des 20 km langen Streckenteils Altenkirchen (Westerwald)-Raubach der seit Jahren nur noch im Güterverkehr betriebenen Strecke Altenkirchen-Raubach-Selters-Siershahn für die obligatorische eine Deutsche Mark übernommen. Im weiteren Verlauf gehört die Strecke unverändert zum DB AG Netz, wird aber zwischen Raubach und Selters derzeit nicht befahren (Stillegung zu erwarten) und nur im Abschnitt Selters-Siershahn von DB Cargo bedient.
Die Westerwaldbahn bedient ihre neue Strecke regelmäßig dreimal wöchentlich (montags, mittwochs, freitags), wobei der Güterzug in Betzdorf beginnt und endet und auch die DB-Bahnhöfe Scheuerfeld (Übergang zur Westerwaldbahn-Stammstrecke), Wissen, Au und Altenkirchen mit bedient. Auf der Weiterfahrt nach Raubach sind dann drei größere Kunden in Neitersen und Puderbach sowie bei Raubach (Anst Hedwigsthal Papierfabrik) zu bedienen. Das Aufkommen dieser Anschließer ist nicht überwältigend, aber recht regelmäßig.
Die betagten Jung-Dieselloks der Westerwaldbahn sind für diesen Verkehr natürlich zu langsam und zu schwach. Die Bahn bestellte einen entsprechend

WEG (Nürtingen-Neuffen): VT 401 am 17.5.99 in Frickenhausen.   Foto: Dieter Riehemann

geeigneten Neubau, und zwar einen des Typs DH 1004 der Siemens-Verkehrstechnik. Rahmenspender für diese Aufbaulok ist die 1992 von der DB an OnRail verkaufte ex DB-Lok 211 177 (Henschel 1961/30526). Bis die neue Lok in Dienst gestellt werden kann wurde OnRail-Lok 07 (ex DB 211 261) angemietet.

An Dienstagen und Donnerstagen, wenn Raubach nicht angefahren wird, kommt die große Lok anstelle der Jung-Loks auch auf der Stammbahn Scheuerfeld-Bindweide-Weitefeld zum Einsatz.

Am 9.10.1998 kam es auf der Stammbahn zum Zusammenstoß eines Güterzuges nach Scheuerfeld, der von V 2 und V 1 gezogen wurde, und eines als Leerfahrt zum Bw Bindweide fahrenden Triebwagenzuges mit VS 23 und VT 24. Während VT 24 und V 1 kaum und VS 23 leicht beschädigt wurden, wird V 2 wohl als Totalschaden abzuschreiben sein. Auf der Stammbahn stehen damit nur noch zwei der ursprünglich vier Jung-Dieselloks zur Verfügung, nämlich die V 1 und V 3.

Mit Beschluß vom 25.5.99 wird die Westerwaldbahn, bisher ein Eigenbetrieb des Kreises Altenkirchen, in eine GmbH umgewandelt. Dies war u.a. erforderlich, um die gemeinsam mit der Siegener Kreisbahn (SKB) und der Hessischen Landesbahn (HLB) zu gründenden Hellertalbahn GmbH auf den Weg zu bringen. Die Hellertalbahn wird demnächst im Auftrag der Bundesländer Rheinland-Pfalz, Nordrhein-Westfalen und Hessen die diese drei Bundesländer berührende DB AG-Strecke Betzdorf-Dillenburg bedienen.

Die besonders nach Übernahme der Strecke Altenkirchen-Raubach erforderliche leistungsstarke Lok, die in Form einer aus ex DB 211 177 entstehenden Umbaulok DH 1004 bei OnRail geordert wurde, war im Mai 1999 noch nicht abgeliefert. Sie wurde für den Sommer erwartet. Sobald die Lok störungsfrei läuft, wird die bisher eingesetzte OnRail-Leihlok 07 zurückgegeben.

Als Reservelok und wohl auch als Ersatz für die verunfallte V 2 bzw. die verbliebenen »altersschwachen« Jung-Loks V 1 und V 3 wurde eine weitere Gebrauchtlok (C; Krauss-Maffei, Typ M700C, ex OnRail, ex Ruhrkohle AG) gekauft, die noch remotorisiert werden soll.   Dieter Riehemann

Zweckverband Verkehrsverbund Wieslauftalbahn (ZVVW)

Die Züge der Wieslauftalbahn fahren seit Ende 1997 nicht nur im morgendlichen Berufsverkehr sonderd auch zu den anderen Hauptverkehrszeiten im Halbstundentakt. Inzwischen benutzen fast 900.000 Reisende/Jahr dieses Verkehrsmittel.

Der für den ausgeweiteten Verkehr bei ADtranz bestellte Regio-Shuttle wurde im Juni 1997 geliefert und erhielt neben der Betr.-Nr. VT 423 den Namen WIESEL. Sonstige Daten des neuen Triebwagens: Fabr.-Nr. 36 554, 2x257 kW.   Dieter Riehemann

DIE KLEINBAHN im Internet: www.kleinbahn-zeunert.de

Westerwaldbahn (Stammstrecke): *Dieselloks V 1 und V 3 am 11.5.99 in Weitefeld im Anschluss Schäfer-Shop.*

Fotos (2): Dieter Riehemann

Westerwaldbahn: *OnRail-Leidiesellok 07 mit einem Güterzug am 18.9.98 in Neitersen.*

Horst Prange

Industrieterrains Düsseldorf-Reisholz AG

Dieses Unternehmen arbeitet als Grundstücksgesellschaft. Zunächst war die Erschließung von Gelände und die Ansiedlung von Industriebetrieben ihr Haupttätigkeitsfeld. In den letzten Jahren wurde die IDR auch mit anderen Aufgaben betraut. So entstanden unter ihrer Regie ein Parkhaus, die neue Düsseldorfer Messe und der Rheinturm. Aber die IDR betreibt auch eine Industrie- und Hafenbahn, welche uns in diesem Bericht hauptsächlich beschäftigen soll.

Die Gründung und erster Erfolg
Die IDR war ursprünglich eine Familien AG. Der Begründer war Hermann Heye. Sein Vater, Ferdinand Heye, hatte im Jahre 1864 die Glasfabrik in Gerresheim gegründet. Hermann Heye wird im Jahre 1889 Vorstandsvorsitzender des elterlichen Betriebes. Die Familie erwarb 1895 drei Güter im Süden Düsseldorfs, welche landwirtschaftlich

genutzt wurden. Wegen schlechter Böden war der Ertrag nicht wie erwartet. Hermann Heye befaßte sich nun damit, dieses Gelände für Industrieansiedlung zu nutzen. Der wichtigste Verkehrsträger, auch für Industrieprodukte, war in damaliger Zeit die Eisenbahn. Heye beauftragte eine Eisenbahn-Bau- und Betriebsinspektor mit der Vorplanung. Weil die Anlagen des Bahnhofs Benrath östlich der Strecke lagen, kam man zu dem Entschluß, einen neuen Bahnhof auf freier Strecke mit westlich liegenden Anlagen an dem Gelände der Familie Heye vorzusehen. Die Verhandlungen mit der Königlichen Eisenbahndirektion Elberfeld verliefen positiv. Zu den Gütern wurde weiteres Land hinzugekauft und ein Geländestreifen am Rhein aus dem Privatbesitz Heyes beigesteuert. Im Jahre 1898 wurde die Industrieterrains Düsseldorf-Reisholz, AG zu Benrath gegründet. Der Zweck der Gesell-

Eine pr. T9 mit DB-Personal in den fünfziger Jahren.   Foto: Archiv IDR

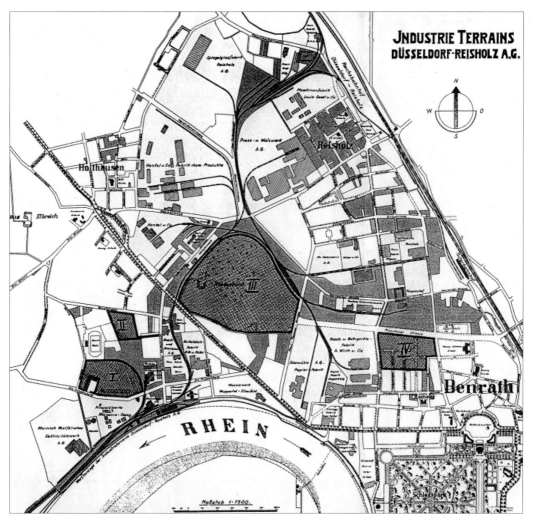

Gleisplan der Industrie Terrains Düsseldorf-Reisholz AG aus dem Jahr 1935. *Sammlung Horst Prange*

schaft wurde im Statut wie folgt beschrieben: »Erwerbung, Verwaltung und Verwertung von Immobilien, insbesondere in den Gemeinden Benrath, Urdenbach, Itter-Holthausen, Himmelgeist-Werstein, die Anlage von Bahnhöfen, insbesondere der Bahnhof Düsseldorf-Reisholz, von Anschlußgleisen, Wasserverladeplätzen und Lagerplätzen, sowie der Bau und Betrieb von Anschlußbahnen und sonstigen Transportwegen, die Beteiligung an Unternehmen.«

Der Bau des Bahnhofs Düsseldorf-Reisholz wurde mit allem Nachdruck betrieben. Bereits 1899 waren von der IDR über sieben Kilometer Anschlußgleise verlegt. Sieben Werke hatten Zugang zum Eisenbahnnetz, vier weitere waren im Bau. Nicht ganz so reibungslos verlief der Anschluß an den Rhein.

Nach vielen Verhandlungen mit der königlichen Rheinstrom-Bauverwaltung in Koblenz konnte 1901 mit den Arbeiten begonnen werden. Uferkorrekturen wurden vorgenommen, das Strombett ausge-

baggert, die Uferoberfläche gepflastert und mit Gleisen versehen und zwei Dampfkräne aufgestellt. Mitte 1901 wurde der ersten Abschnitt in Betrieb genommen. Ferner wurde das Straßennetz ausgebaut und Telefon- und Telegrafenkabel verlegt. Die IDR vereinbarte mit der Post den Bau eines Postamtes. In diesem Hause richtete die IDR dann ihr Büro ein. Ferner betätigte sie sich beim Wohnungsbau und der Kanalisierung. Die IDR baute eine Ziegelei, schenkte den Bauplatz für ein Rathaus, zwei Kirchen und erreichte die Ansiedlung des Rheinisch-Westfälischen Elektrizitätswerkes (RWE) mit späterem Bau eines Großkraftwerkes. 1914 waren 46 Betriebe über 16 km Gleis angeschlossen.

In den Jahren 1899, 1900, 1906 und 1911 wurde je eine Lok in Dienst gestellt. Da keinerlei Aufzeichnungen vorhanden sind, muß man annehmen, daß es sich um zwei- oder dreiachsige Tenderloks gehandelt hat.

Das Jahr 1913 wurde zum erfolgreichsten der IDR.

✗ *neue Tabelle von Joachim Leitsch*

Gleisanlagen der Industrie- und Hafenbahn

Zeichnung: Klaus-Joachim Schrader †

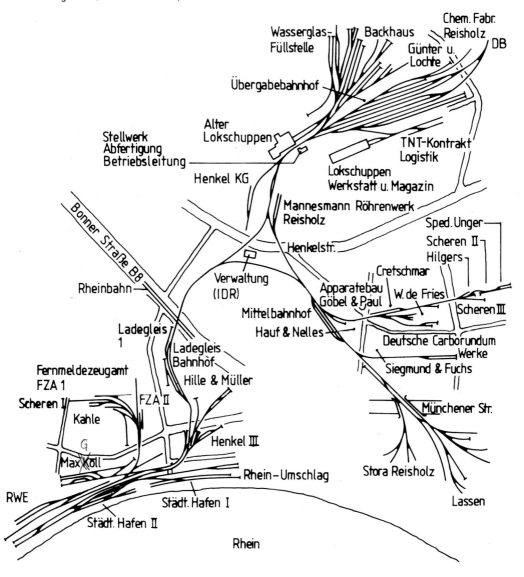

Wasserglas-Füllstelle · Backhaus · Chem. Fabr. Reisholz · DB · Günter u. Lochte · Übergabebahnhof · Alter Lokschuppen · Stellwerk Abfertigung Betriebsleitung · TNT-Kontrakt Logistik · Henkel KG · Lokschuppen Werkstatt u. Magazin · Mannesmann Röhrenwerk Reisholz · Sped. Unger · Scheren II · Hilgers · Henkelstr. · Cretschmar · Bonner Straße B8 · Rheinbahn · Verwaltung (IDR) · Apparatebau Göbel & Paul · W. de Fries · Scheren III · Mittelbahnhof · Hauf & Nelles · Ladegleis 1 · Deutsche Carborundum Werke · Ladegleis Bahnhof · Siegmund & Fuchs · Fernmeldezeugamt FZA 1 · Hille & Müller · Scheren I · FZA II · Münchener Str. · Kahle · Henkel III · G · Max Koll · Rhein-Umschlag · Stora Reisholz · RWE · Städt. Hafen I · Lassen · Städt. Hafen II · Rhein

Bereits 1907 konnte das Gründungskapital von 1,4 Mio. Mark um 350.000,00 Mark aus Gewinnen erhöht werden. Die Dividende lag bei 40 %.

Der Kriegseinbruch

Der Erste Weltkrieg bedeutete auch für die erfolgreiche IDR ein schmerzlicher Einschnitt. Die Werftumschlagszahlen sanken und die Anzahl der beförderten Waggons ging merklich zurück. Es folgten die Jahre der militärischen Besetzung durch die Entente und die des politischen Niedergangs. Weil Besatzungszonen durch das Gebiet des IDR liefen wurde der Bahnbetrieb zeitweise stillgelegt. Die Geschäfte der IDR blieben schleppend. Nur der Werftbetrieb florierte. Die Hauptaktionäre gliederten diesen Bereich aus dem Unternehmen aus und gründeten die Rhein-Umschlags AG. Diese Gesellschaft pachtete die Werft von der IDR. Nach vier Jahren, in einer Zeit als die Eingemeindung von Benrath-Reisholz zur Stadt Düsseldorf diskutiert wurde, verpachtete die IDR die Werft für fünfzehn Jahre an die Stadt Düsseldorf. Im Jahre 1929 billigte der preußische Landtag die Eingemeindung.

Die Stabilisierung

Ende der zwanziger Jahre erholte sich das Wirtschaftssystem. Die IDR erreichte 1929 mit 648.963 t Werftumschlag und 120.222 beförderten Waggons eine Leistungsspitze. Im Zuge des Ausbaues der Staatsbahnstrecke Köln-Düsseldorf-

Lok 6 wurde 1960 als Lok 1 an die Hüttenwerke Siegerland, Werk Eichen, verkauft.   Foto: Gerhard Moll/Sammlung Horst Prange

Duisburg von zwei auf vier Gleise mußte auch die IDR investieren und ihren Bahnhof umgestalten.

1936 entschied sie sich für den Kauf stärkerer Lokomotiven. Ein Foto zeigt eine preußische T9 (Baureihe 91) mit dem Werkstattpersonal. Diese Loktype war auch bei Kleinbahnen nicht unbeliebt. Bekannt ist, daß 91er bei Niebüll-Dagebüll, Wilstedt-Zeven-Tostedt, Georgsmarienhütte, Ahaus-Enschede und anderen Bahnen liefen. Obwohl sie für den Personenverkehr konstruiert war, bewährte sie sich auch im Güterzugdienst. Es erging ihr wie den ELNA-Typen 2 und 5 mit der Achsfolge 1´C.

Die IDR kommt 1937 an die Obergrenze ihrer Leistungsfähigkeit. Man beginnt den eigenen Bahnhof zu erweitern. Der Erlaß allgemeiner Baubeschränkungen im Zeichen der Kriegsvorbereitungen führen jedoch zur Einstellung der Arbeiten.

Der Besitzerwechsel

Die Stadt Düsseldorf zeigte starkes Interesse an der IDR. Man sah in der Gesellschaft ein Instrument städtischer Planungs- und Wirtschaftsförderung. Es begannen Verhandlungen mit der Familie Heye. Schließlich zeigte Hermann Heye Bereitschaft zum Verkauf. Die Stadt erwarb im Jahre 1940 Aktien im Wert von RM 864.000,00. Die Familie Heye sicherte sich in dem Kaufvertrag Sonderrechte an der Rhein-Umschlags-AG als reiner Familienbetrieb bis 1952. Hermann Heye verstarb 1941 im 76. Lebensjahr. Bis Kriegsende war das Geschäft der IDR rückläufig.

Der Neuanfang

Der Krieg war mit Reisholz gnädig umgegangen. Die Werft wurde zwar bei einen Bombenangriff schwer getroffen, aber die Schäden an den Gleisanlagen waren nicht groß und konnten mit eigenen Mitteln behoben werden. Die sechs Loks waren unbeschädigt. Der Alleingesellschafter Stadt Düsseldorf plante nun die traditionsreiche IDR von Grund auf zu modernisieren. In dieser Zeit wurden 9 Mitarbeiter in der Verwaltung und 55 Mitarbeiter im Bahnbetrieb beschäftigt.

Die IDR arbeitete gewinnlos weil das Rollmaterial hoffnungslos überaltert war. Die älteste Lok von 1902 wurde verschrottet, und die anderen hatten hohe Ausfallzeiten. Modernisierung hieß Verdieselung. Es sollten Loks beschafft werden, welche einzeln und in Doppeltraktion gefahren werden konnten. Nur das Kapital war nicht vorhanden. Im Hafen sah es mit den Kränen und Anlagen auch schlecht aus. Zunächst aber überholte man das ca. 20 km lange Gleisnetz einschließlich der siebzig Weichen. Erst durch eine Kapitalerhöhung im Jahre 1956 um gut eine Million DM konnten neue Loks bestellt werden. Noch im gleich Jahr wurden je zwei mal zwei Loks vom Typ R30B von Jung geliefert. Zwei weitere folgten dann im Jahre 1959. Die IDR war mit diesen Loks gut bedient. Eine Anpassung an unterschiedlich anfallende Transportleistungen war kein Problem. Auch die Westerwaldbahn betreibt mit gleichen Loks nach gleichem Prinzip bis heute ihren Güterverkehr. 1959 wurde auch eine neuer leistungsfähiger Kran für DM 540.000,00 gekauft.

Die Modernisierung ging weiter. Nach einer weiteren Kapitalerhöhung wurde 1964 ein modernes Dr-Gleisbildstellwerk errichtet. Fast alle Handweichen wurden auf elektrischen Antrieb umgestellt. Der

Die Kleinbahn 69

Blick am 3.11.94 vom Stellwerk auf den Übergabebahnhof. Links der alte Lokschuppen.　　　　　*Foto: Horst Prange*

Kauf eines neuen Krans und der Bau eines neuen Verwaltungsgebäudes folgten. Die IDR Mitarbeiter konnten nun aus dem alten Reisholzer Postamt in ein eigenes Haus umziehen. In dieser Zeit wurden auch die ersten drei höhengleichen Kreuzungen Bahn/Straße mit Signalanlagen gesichert.

Neue Aufgaben

Die IDR war mittlerweile aus ihrer Talfahrt heraus und war in der Lage 6 % Dividende zu zahlen. Die Rationalisierung zahlte sich aus. Ihre Aktivität ging erstmals über den Bereich Reisholz hinaus. Sie erhielt den Zuschlag unter mehreren Anbietern zum und Betrieb eine Parkhauses am innerstädtischen Karlsplatz. Im Jahre 1970 wurde das Parkhaus errichtet. Bis an die Grenze ihrer Belastbarkeit engagierte sich die IDR beim Bau der neuen Messe in Düsseldorf. Sie wurde Bauherr und beteiligte sich mit 150 Mio DM am Eigentum. Um die Finanzierung sicherzustellen verkaufte sie ein Viertel ihres Grundbesitzes. Im Jahre 1971 wurde die Messe fertiggestellt. Nun verbuchte die IDR jedoch Verluste. In der Phase der Konsolidierung half die Stadt durch Erhöhung des Grundkapitals.

Die Industrie- und Hafenbahn blieb ein wichtiger Bereich, obwohl Anschließer wechselten und ihre Anzahl zurückging. Die Zahl der beförderten Waggons wurden weniger. Aber der Anteil vierachsiger gegenüber früher vorwiegend zweiachsigen Waggons stieg an. Dies erklärt daß die jährlich beförderte Menge bei 2 Mio t lag wie vor dem Ersten Weltkrieg. Nur zehn Anschließer brachten 95 % des

Umsatzes. 42 % aller Verkehrsbewegungen wickelten sich im Binnenverkehr ab.

In den Jahre 1973/74 wurde ein neuer Lokschuppen mit Werkstatt und Sozialräumen gebaut. Um die Werkstatt gut auszulasten werden seit der Zeit auch Loks anderer Unternehmen repariert. Für die Dauer einer Hauptuntersuchung wird den Kunden eine Leihlok zur Verfügung gestellt.

Die Bahn und ihre Anlagen heute

Mittlerweile waren die Dieselloks der ersten Lieferung dreißig Jahre im Einsatz. Man beschloß Mitte der achtziger Jahre zwei neue Loks zu beschaffen. Bei dem Prinzip der zweiachsigen Loks, einsatzfähig auch in Doppeltraktion, wollte man auf Grund der guten Erfahrungen unbedingt bleiben. Weil die Firma Jung keine neuen Loks mehr baute, wandte man sich an MaK. Der IDR wurde empfohlen, sich zwei Loks der MaK Type G321B im Betrieb bei der Kölner Hafeneisenbahn (heute HGK) anzuschauen. Nach einer Information vor Ort wurden zwei Loks des Typs R30B bestellt. Neben der Vielfachsteuerung sind die Loks mit einer tragbaren Fernsteuereinrichtung und automatischer Wagenkupplung ausgerüstet. Ein schmuckes Aussehen verleiht den Loks die gelbe Lackierung mit grünen Zierstreifen.

Die IDR besitzt drei Bahnhöfe. Der Übergabebahnhof, rechtwinklig zum DB-Bahnhof angeordnet, früher mit beidseitiger Ausfahrt und heute einseitig angeschlossen, ist der Größte. Die DB AG stellt zu und holt ab mit einer Lok der Baureihe 290. Das bei

Foto auf der gegenüberliegenden Seite: IDR-Rheinhafen am 25.4.95.　　X G321 B　　*Foto: Horst Prange*

Industrieterrain Düsseldorf-Reisholz AG (IDR)

Betr.Nr.	Bauart	Hersteller	Baujahr	F.Nr.	Typ	Leistung	Bemerkungen
Lokomotiven							
1	B-dh	Jung	1956	12256	R 30 B	310	Reserve
2	B-dh	Jung	1956	12252	R 30 B	310	Reserve
3	B-dh	Jung	1956		R 30 B	310	verschrottet
3 (II)	B´B´-dh	MaK	1970	800165	G800BB	809 kW	ex BE; im Einsatz
4	B-dh	Jung	1956		R 30 B	310	verschrottet
5	B-dh	Jung	1959		R 30 B	310	verliehen an Zons-Nievenheim; verkauft
6	B-nh	Jung	1959		R 30 B	310	an EBV, zurückgekauft als Ersatzteilspender
1F	B-nd	MaK	1987	220114	G 321 B	316	im Einsatz
2F	B-nd	MaK	1987	220115	G 321 B	316	im Einsatz
Mehrwegefahrzeuge/Kran							
Unimog		Daimler	1971			Ries mit Hiab Ladekran Typ 550	
Zweiwegebagger		Liebherr	1980			A901C-ZW	
Schienenkran		Krupp-Ardelt	1956	204261	60 S 110		
Wagen							
1	Sp	Aufbau IDR	1988		Rs		ex franz, Rungenwagen, ehemals für Zellulosetransport heute für Gleisbau
2	Sp	Aufbau IDR	1988		Rs		wie Wagen 1
3	Sprengwagen	Aufbau IDR	1983		KS		ex DB, für Unkrautvernichtung
4			1979		E		ex DB, für Gleisbau
5		Aufbau IDR			P		ex DB, Mannschafts- und Gerätewagen

deutschen Bahnen selten anzutreffende Gleisdreieck ist in den dreißiger Jahren entstanden. Von dort kann man den Mittelbahnhof und den Ladegleisbahnhof erreichen.

Vier Anschließer haben eigene Rangierloks. An der Ausfahrt des Rangierbahnhofs Richtung DB hat sich die Nutzeisenhadelsgesellschaft mbH. Günther und Lochte niedergelassen. Berge von Alteisen werden hier gelagert, zerkleinert und verladen. Der größte Teil wird auf der Schiene abgefahren. Eine zweiachsige SCHÖMA-Lok vom Typ DVL150/1.2, Baujahr 1971, mit einer Leistung von 164 PS und der Maschinen- Nr. 3225, besorgt den Verschub auf der dreigleisigen Anlage.

Einer der ältesten Kunden der IDR ist die Henkel KG aA. Sie ist in den zurückliegenden Jahrzehnten in stetigem Wachstum zum größten Konzern im Bereich der IDR geworden. Auch die Gleisanlagen sind immer wieder verändert worden. Gleich am IDR-Stellwerk führt der Anschluß ins Werk. In selber Höhe liegt auch das Henkel-Stellwerk. Die Gleisanlagen sind sehr umfangreich. Mehrere Henschel-Loks vom Typ DHG C sind im Einsatz. Sie haben Mittelführerhaus mit vorn und hinten abfallenden Vorbauten und hellgrüner Lackierung mit silbernen Zierstreifen. Teils führerlose Loks drücken die Zugverbände auf den Ablaufberg und lassen die Wagen in die Gleisharfe laufen, also höchst moderne Rangiermanöver bei einer Werksbahn. Als Besonderheit ist ein fast täglich verkehrender Wasserglaszug zu nennen. Neun bis elf Kesselwagen sind mit Schlauchleitungen miteinander verbunden. Die Befüllung geschieht auf IDR-Gelände. Drei Wagengruppen bilden immer einen Zug. Er verkehrt über die DB AG-Strecke nach Köln. Die Loks der Häfen- und Güterverkehr der Stadt Köln HGK (früher KBE) bringen den Zug zur Firma Degussa in Wesseling-Godorf. Ferner hat Henkel eine ganze Reihe ungebremster Schiebewandwagen für den Binnenverkehr im Eisatz. Laut Pressebericht (WZ v. 22.3.94) ist durch die Bahnreform Henkel in der Lage LKW-Touren zugunsten der Schiene zu reduzieren. Bisher schickte das Unternehmen 22.000 Lastwagenladungen zu 36 Auslieferungslagern in Deutschland.

Ab April 1994 werden Wasch- und Reinigungsmittel per Bahn in neun Zentrallager gebracht. 78 % der Produktion sollen von den Werken Düsseldorf und Genthin auf der Schiene abgefahren werden. Durch das neue Verteilerkonzept werden jährlich

14.000 LKW-Fahrten eingespart. Ein weiterer Anschließer mit täglichem Wagenaufkommen ist das Mannesmann-Röhrenwerk GmbH, ehemals Press- und Walzwerke AG. Dieses Werk hatte immer eigene Loks. Die Dampflok 4 (Borsig 1901/5009) ist der Nachwelt erhalten geblieben. Sie war von 1972-1980 Lokdenkmal in Kerkerbach und wurde dann auf einem Privatgrundstück in Merenber-Allendorf aufgestellt. Heute ist eine Henschel Lok DHG 500 C, baugleich wie die Henkel-Loks, im Einsatz. Sie befriedigt nicht ganz wegen der kleinen Gleisradien im Werk und soll durch eine andere ersetzt werden. Als Reserve ist eine Minilok (Typ DH 90/166, Baujahr 1983, gebaut von der Allradrangiertechnik GmbH Heiligenhaus) vorhanden.

Als weiterer großer Anschließer ist die Papierfabrik Stora-Reisholz GmbH, früher Feldmühle AG, zu nennen. Dieses Werk hatte früher für den Binnenverkehr der IDR große Bedeutung. Vom Hafen wurde Holz und heute nur noch sporadisch Zelluloseballen ins Werk gefahren. Im Werk ist eine Lok von Orenstein und Koppel im Einsatz. Täglich wird von der IDR auch das Kaltwalzwerk Hille und Müller bedient. Für dieses Werk werden bei Bedarf Coils (Blechrollen) vom Hafen ins Werk transportiert.

Der früher rege Kohleverkehr zum Kraftwerk der RWE findet seit Jahrzehnten nicht mehr statt. Den Hafenbetrieb besorgt die Rhein-Umschlag GmbH und Co. KG. Leider ist dieses Geschäft für den Schienenverkehr rückläufig. Die Firma Max Koll, angesiedelt auf dem Gelände der ehemaligen Shell AG, sorgt im Hafen für sporadische Schwertransportverladungen. Dazu werden Schwerlasten über die Straße und Schiene angefahren.

Im Eigentum der Rhein-Umschlag befinden sich noch Güterwagen aus der Gründerzeit. Auf den Achslagerdeckeln derselben erkennt man die Baujahre 1912 und 1913. Es handelt sich um Plateau-Wagen ohne Bremsen. An den Stirnseiten sind Profileisengestelle angebracht. Mit diesen

Zwei Doppelkreuzungsweichen am Bahnübergang »Am Trippelsberg«. Hinten das Kaltwalzwerk Hille & Müller (25.4.95).

Südansicht des Mittelbahnhofs am 24.3.95. Der Richtungspfeil der Weichenlaterne hat ein Schutzgitter.

Diesellok 1 am 3.11.94 am alten Lokschuppen. *Fotos (3): Horst Prange*

Lok 2F mit Haubendachwagen hatte am 25.4.95 das Kaltwalzwerk bedient und schob-den Zug in Richtung Übergabebahnhof.

Lok 1F und 2F hatten am 14.4.96 im DB AG-Güterbahnhof Düsseldorf-Reisholz einen Wasserglaszug übergeben.

*Plateauwagen der **Rhein-Umschlag GmbH**.* Fotos (3): Horst Prange

Wagen wird die Papierfabrik und das Kaltwalzwerk bedient. Für den Coiltransport sind als Rutschsicherung Stahlschwellen auf die Wagenböden geschweißt. Die Züge werden mit max. neun Wagen gefahren, welche von der Lok gebremst werden können. 51 Wagen stehen im Hafen für eintreffende Schiffe bereit. Die umfangreichen Gleisanlagen im Hafen wurden nur an einer Stelle für die Schwertransporte unterbrochen. Es sind nur ortsgestellte Weichen vorhanden.

Die übrigen Anschließer der IDR werden selten bedient. Einige sind auf LKW-Transporte abgewandert.

Mit dem Rückbau von Gleisanlagen verhält sich die IDR zögernd. Die Wiederinbetriebnahme ist, wenn erforderlich, so leicht möglich. Ein weiterer Grund sind die bestehenden Bahnübergänge. Bei Neuanlagen werden nur noch Über- oder Unterführungen genehmigt, welche dann enorme Kosten verursachen würden.

An das Stellwerk sind das Gleisdreieck, der Übergabe-, der Mittel- und der Ladegleisbahnhof angeschlossen. Mittel- und Ladegleisbahnhof haben heute an Bedeutung verloren und werden von den Zügen meist nur durchfahren.

Durch die Rezession 1993/1994 hat der Bahnbetrieb der IDR Einbußen erlitten. Die jährliche Beförderungsleistung ist auf 1,3 Mio Tonnen zurückgegangen. Eine, maximal zwei Loks schaffen den Verkehr. Aber der Aufwärtstrend zeichnet sich schon wieder ab. Die Bahn ist ja nur ein Bereich der IDR tätig und kann Geschäftsergebnisse nur teilweise beeinflussen.

Seit März 1996 hat die IDR das Rangieren im DB AG-Rangierbahnhof Düsseldorf-Reisholz übernommen. Für diese Aufgabe ist eine der vorhandenen Loks zu schwach. Da auch immer über einen Ablaufberg gefahren werden muß, werden die neuen MaK-Loks 1F und 2F als Doppeltraktion eingesetzt. Den Binnenverkehr besorgt eine Jung-Lok. Eine gewisse Rationalisierung ist durch besseres Vorsortieren der ein- und ausgehenden Wagen zu erreichen. Es ist vorgesehen, in

Lok 1F und 2F begegnen am 14.4.96 im DB AG-Güterbahnhof Düsseldorf-Reisholz der DB AG-Ellok 143 558 .Foto: Horst Prange

Industrieterrains Düsseldorf-Reisholz AG (IDR)

Geschäftszahlen (Auszug, Eisenbahn u. Hafen)

Jahr	Umschlag Hafen (t)	Waggons	Gesamt-Beförderung Umschlag (t)	Gleis Anschliesser	Km	Bemerkungen
1899		1800		17	7	
1902	179920	26509		21	8,8	
1905	294452	41016		32	12,9	
1910	464214	79973		43	16	
1913	550780	109231		43	16	
1923	100000	52707		43	16	
1930	549601	97607		43	16	
1940	579832	119424		43	16	
1945	141207	18922		43	16	
1950	484790	92000		43	16	
1955	693873	111000		43	16	
1960	897380	100000	2.259832	43	16	
1970	617619	113199	2.456418	43	16	
1972	638635	103473	2.545435	43	16	Waggonbauarten wechseln von 2- auf 4-achsig
1982	462932	63629	1.964996	42	18,1	
1990	109659	59461	1.727200	42	18,1	
1993	59409	33391	1.253934	42	18,1	
1994	76960	38068	1.409393	42	18,1	

*Borsig-Dampflok 4 der **Stahl- und Röhrenwerke Reisholz** am 11.8.73 als Lokdenkmal in Kerkerbach.*   Foto: Andreas Christopher

***IDR**-Jung-Lok und O&K-Lok der **Stora-Reisholz GmbH** vor dem neuen Lokschuppen.*   Foto: Archiv IDR

*DIEMA-Lok der **Nutzeisenhandelsgesellschaft mbH Günther & Lochte** (24.5.95).*

*Minilok der **Mannesmann-Röhrenwerk GmbH** (25.4.95).*
        Fotos (3): Horst Prange

*Lok 7 (Henschel 1962/30334) der **Mannesmann Röhrenwerke GmbH** (16.4.96).*

IDR-Lok 1F am 24.3.95 mit Wasserglaszug.

Foto: Horst Prange

Henkel KGaA: *Zweiachsige Aluminium-Kesselwagen Baujahr 1925 mit »Persil«-Werbelackierung.*

Henkel KGaA: *Kesselwagen 23 80 734 1 042-1 »Der General - Bergfrühling«.*

Henkel KGaA: *Kesselwagen 23 80 734 1 040-5 »Pril«.*

Henkel KGaA: *Kesselwagen 23 90 734 1 041-3»Somat - Profi«.*
Fotos (4): Henkel KGaA/pr.

Lok F 1 (3.11.94).

Fotos (3): Horst Prange

Loks F1 und F2 rangieren am 14.4.96 am Ablaufberg des DB AG-Güterbahnhofs Düsseldorf-Reisholz.

Lok 3 ex Bentheimer Eisenbahn am 13.1.98 im DB AG-Güterbahnhof Düsseldorf-Reisholz.

Zukunft für das Rangieren im DB AG-Bahnhof eine stärkere Lok zu beschaffen.

Der Verkehr vom Hafen zur Firma Hille und Müller ist entfallen. Alle Coils (Blechrollen) werden über die DB AG angefahren und von der DR der Firma Hille und Müller zugestellt. Für die Plateau-Wagen der Rhein-Umschlag GmbH u. Co. KG bestand nun kein Bedarf mehr. Alle 51 Wagen wurden bei Günther und Lochte verschrottet.

Durch geringen Personalabbau und die Mehrarbeit im DB AG-Bahnhof wurden die Reparaturen für Fremdfirmen in der Werkstatt eingestellt. Die Werkstatt war zunächst nur noch für den Eigenbedarf zuständig. Inzwischen wurde sie an die Firma OnRail verpachtet, sodaß man jetzt dort auch wieder Lokomotiven anderer Bahnen findet.

Die IDR hatte die Betriebsführung bei den Henkel-Werksbahnen zur Probe übernommen. Mittlerweile wurde zwischen Henkel und der IDR ein Betriebsführungsvertrag abgeschlossen, welcher die Betriebsführung ab 1999 für weitere fünf Jahre verlängerte.

Der Bahnverwaltung und dem Personal sei gedankt für ihre bereitwilligen Informationen, die diesen Bericht ermöglichten. Wir wünschen der Industrie- und Hafenbahn der IDR weiterhin eine gute erfolgreiche Fahrt.

Literatur:

»IDR - Neun Jahrzehnte Stadtentwicklung«: Herausgegeben von der Industrieterrains Düsseldorf-Reisholz AG, Düsseldorf (April 1984)

Kesselwagen für die Sauberkeit - Henkel läßt alte Werbetradition wieder aufleben

Einen jahrzehntelang beliebten Werbeträger läßt die Henkel Waschmittel GmbH wieder aufleben: Die Werbung auf eigenen Eisenbahngüterwagen.

Seit 18.7.98 machen drei frisch lackierte Kesselwagen für die bekannten Henkel-Produkte »Der General - Bergfrühling«, »Pril« und »Somat Profi« rollende Werbung.

Die Spezialgüterwagen wurden

Henkel KGaA: *Die drei neuen Kesselwagen mit Werbelackierung.* Foto: Henkel KGaA/pr.

1994 bei der Firma Graaff in Elze gebaut und werden von Henkel für den Transport fettchemischer Spezialprodukte vor allem zu Industriekunden in Bayern und der Schweiz eingesetzt. Sie weisen als technische Besonderheit einen thermoisolierten Kessel auf, der die Temperatur des Ladeguts unabhängig vom Wetter für mindestens 72 Stunden konstant hält.

Werbung auf eigenen Güterwagen hat bei Henkel eine lange Tradition. Bereits in den zwanziger Jahren gab es Kesselwagen mit dem charakteristischen Schriftzug »Persil bleibt Persil«, der später unterstützt wurde durch »Zum Saubermachen Henkelsachen«.

Das Henkel-Stammwerk in Düsseldorf-Holthausen besitzt für den Güterverkehr ein Schienennetz von etwa 40 km Länge mit über 200 Weichen.

Henkel ist derzeit der einzige deutsche Markenartikler, der auf diese Weise eigene Güterwagen als Werbeträger einsetzt.

Die bunten Wagen sind auch als Märklin H0-Sondermodelle ein gesuchter Blickfang. Henkel/pr.

Henkel KGaA: *Vierachsiger Großraumkesselwagen Baujahr 1930 mit »Persil«-Werbung.* Foto: Henkel KGaA/pr.

Otto Tokarski

Abbestellt!

ehem. Kleinbahn Gardelegen-Haldensleben
ehem. Neuhaldenslebener Eisenbahn

Gähnende Leere herrscht seit dem 30. Mai 1999 auf der Streckenkarte von Sachsen-Anhalt. Wo bis vor wenigen Wochen links und rechts der Magistralen schwarze Striche Nebenbahnen markierten, bestimmt nun monotones Grün das Bild. Doch diesmal trifft die sonst so vielgescholtene Bahn keine Schuld, denn das Land Sachsen-Anhalt hat zum Ablauf des Jahresfahrplanes 1998/99 am 29.5.99 den Personennahverkehr auf zwölf Strecken mit etwa 252 Kilometern, das sind etwa 10 Prozent des gesamten Schienennetzes, abbestellt. So mutierten fast über Nacht der Kreis Jerichower Land und der Haldensleber Ohrekreis zur Nebenbahn-freien Zone. Im Ohrekreis lagen auch die beiden längsten Strecken, auf denen der Personenverkehr dem Rotstift zum Opfer fiel, die 31,71 Kilometer lange Verbindung von Haldensleben nach Eilsleben, die ehemalige Neuhaldenslebener Eisenbahn (NhE) und die 31,9 Kilometer lange Strecke Haldensleben-

Weferlingen, das letzte im Personenverkehr betriebene Stück der ehemaligen Kleinbahn Gardelegen-Haldensleben-Weferlingen (GHWK).

Nun gibt es wie vor gut 120 Jahren in Haldensleben nur noch Anschluß an die Strecke Magdeburg-Oebisfelde. Den Zug in Richtung Landeshauptstadt konnten die Einwohner der Ohrestadt, die bis 1938 Neuhaldensleben hieß, zum ersten Mal am 16. Dezember 1872 nutzen. Das Streckenstück nach Oebisfelde gab die Magdeburg-Halberstädter Eisenbahn (MHE) erst am 1. November 1874 für den Personen- und Güterverkehr frei.

Die Neuhaldenslebener Eisenbahn entsteht

Die Hauptbahn Magdeburg-Oebisfelde erschloß jedoch nicht die landwirtschaftlich intensiv genutzten Gebiete südlich und westlich von Haldensleben. Besonders die Zuckerfabriken, die Landwirte und Gutsbesitzer suchten nach einem billigen Transportmittel für ihre Erzeugnisse sowie die

ex NhE: DB AG-VT 771 010 bei der Einfahrt nach Haldensleben.   Alle NhE-Fotos vom 13.5.99 von Otto Tokarski

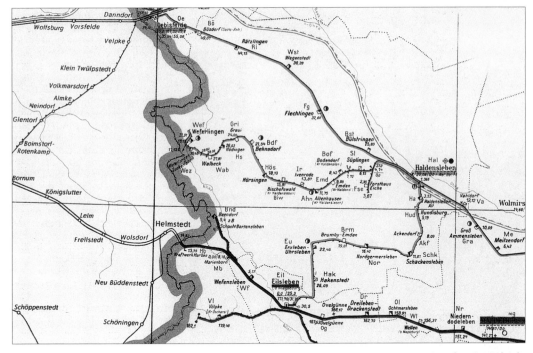

benötigten Kohlen und Dünger. Sie forderten mit Unterstützung des Landrates des Kreises Neuhaldensleben den Bau einer Nebenbahn. Doch die MHE und die KPEV, die die MHE zum 1. Januar 1886 übernahm, lehnten dieses Ansinnen ab. So griff man zur Selbsthilfe. Auf Anregungen des Landrates wurde schließlich am 12. September 1882 ein Eisenbahnkomitee gegründet, das die Centralverwaltung für Secundairbahnen Herrmann Bachstein (CV) mit der Projektierung einer Nebenbahn Neuhaldensleben-Eilsleben und einer Stichstrecke nach Alvensleben beauftragte. Der im Februar 1883 vorgelegte Kostenvoranschlag sah ca. zwei Millionen Mark vor. Das Komitee genehmigte die Unterlagen, so daß die CV am 9. März 1883 die Dokumente beim Ministerium der öffentlichen Arbeiten zur landespolizeilichen Prüfung vorlegte. Außerdem verhandelte Herrmann Bachstein mit dem Ministerium um eine finanzielle Beteiligung an der Nebenbahn. Erst nach zwei Jahren erteilte der Minister Herrmann Bachstein eine verbindliche Absage. Nun mußte die CV dem Eisenbahnkomitee ein neues Finanzierungskonzept vorlegen, zumal das Ministerium Bachstein aufgefordert hatte, seinen Kostenvoranschlag um 300.000 Mark aufzustocken. So betrug das für die Gesellschaft benötigte Stammkapital 2,3 Millionen Mark. Bachstein verpflichtete sich zur Beschaffung des Geldes unter der Bedingung, daß er dafür die Betriebsführung erhielt. Das Eisenbahnkomitee stimmte zu, und am 25. Juni 1886 wurde schließlich die Neuhaldenslebener Eisenbahn-Gesellschaft AG (NhE) gegründet.

Nur wenige Tage später am 5. Juli 1886 genehmigte der Magdeburger Regierungspräsident den Bau und Betrieb der Nebenbahn Neuhaldensleben-Eilsleben. Im Herbst 1886 gingen dann die Bauarbeiter an das Arbeit. Zu diesem Zeitpunkt war aber noch nicht die Einfädelung der NhE in die Bahnhöfe der KPEV in Eilsleben und Neuhaldensleben im Bau. Die entsprechenden Unterlagen dazu wurden erst am 21. März 1887 genehmigt. Dennoch gingen die Arbeiten zügig voran. Nur drei Tage nach der Abnahme der Strecke am 14. Oktober 1887 konnte die NhE bereits die ersten Rübenzüge auf dem Abschnitt Neuhaldensleben-Hakenstedt einsetzen. Am 25. Oktober 1887 nahm die Bahn den durchgehenden Güterverkehr auf und am 3. November 1887 schnaufte schließlich der erste Reisezug von Neuhaldensleben nach Eilsleben.

Eine Goldgrube

Die NhE und Herrmann Bachstein schlossen am 31. Januar 1888 einen Vertrag über die Betriebsführung auf der Nebenbahn ab, der bis zum 1. April 1901 galt. Laut diesem Werk standen der CV alle Einnahmen zu, die im Gegenzug die Betriebskosten, die Rücklagen und die Verzinsung der Stammaktien übernahm. Doch zunächst mußte Bachstein weiter in die NhE investieren, für die Einbindung der Strecke in Eilsleben und Neuhaldensleben sowie weitere Fahrzeuge hatte Bachstein 500.000 Mark zu bezahlen.

Der Güterverkehr auf der NhE ließ im Gegensatz zum Personenverkehr nichts zu wünschen übrig,. So transportierte die NhE im Geschäftsjahr 1888/89 ca. 152.000 t Güter und etwa 76.000 Fahrgäste. Die relativ wenigen Fahrgäste resultierten aus der gewundenen Trassenführung der Nebenbahn. Für

ex NhE: DB AG-VT 771 010 zwischen Haldensleben und Alt Haldensleben.

ex NhE: DB AG-VT 771010 in Nordgermersleben. Der Bahnhof war einst eine wichtige Zwischenstation. Im Bahnhofsgebäude gibt es heute noch eine Gaststätte.

viele Dorfbewohner war eine Bahnfahrt zu teuer. Um mehr Reisende zu gewinnen, führte die NhE 1890 die 4. Klasse ein. Mit Erfolg. Nur ein Jahr später stiegen die Beförderungszahlen im Personenverkehr deutlich an. Diese Entwicklung schlug sich auch in den Geschäftsberichten der Gesellschaft wieder: Mit dem Geschäftsjahr 1894/95 warf die Bahn für Bachstein und die Aktionäre Gewinn ab.

Im Sommer 1904 löste die CV die örtliche Betriebsleitung der NhE auf und betraute mit deren Aufgaben die Niederlassung in Berlin. Zeitgleich begann man bei der NhE mit der Verstärkung der Gleisanlagen durch den Einbau von Schienen der preußischen Form 6. Weiterhin wurde der Bettungskies durch Gleisschotter ausgetauscht.

Mit dem Ausbruch des Ersten Weltkrieges gingen bei der Nebenbahn die Beförderungsleistungen spürbar zurück. Durch die gleichzeitig steigenden Betriebskosten schrumpfte auch der Gewinn und mit ihm das Vertrauen zwischen den Gesellschaftern der NhE und der CV. Im Sommer 1918 mußte Bachstein den Fahrplan zusammenstreichen und bei der zuständigen Aufsichtsbehörde spezielle Zuschläge auf die Fahrpreise beantragen. Die Aktionäre der NhE dachten nun, Bachstein wolle eventuelle Verluste auf sie abwälzen. Der nun beginnende Streit zwischen beiden Seiten endete mit der vorzeitigen Kündigung des Betriebsvertrag durch die NhE zum 1. März 1921.

Danach bemühte sich die NhE, die den Betrieb nun in eigener Regie abwickelte, das Angebot auf der Nebenbahn wieder anzuheben. Im Sommer 1921 verkehrten auf der Strecke Neuhaldensleben-Eilsleben drei und in der Gegenrichtung zwei Personenzüge. Jeweils ein Personenzug Eilsleben-Nordgermersleben, Eilsleben-Brumby-Emden und Nordgermersleben-Neuhaldensleben ergänzte den Fahrplan. Auch an der Sanierung der teilweise arg verschlissenen Bahnanlagen arbeitete die NhE. Ab 1924 ersetzte sie das gesamte Gleismaterial durch stärkere Schienen.

Hinter den Kulissen zog derweil Herrmann Bachstein die Fäden für eine Übernahme der NhE, denn auf seine Goldgrube wollte der Geschäftsmann nicht verzichten. Im Spätsommer 1923 während der Inflation ließ Bachstein unbemerkt von den anderen Gesellschaftern einen großen Teil der NhE-Aktien kaufen. Auf der Hauptversammlung am 28. Oktober 1924 trat Herrmann Bachstein dann als größter Aktionär auf. Zwar konnte er nun vier der sieben Sitze im Aufsichtsrat beanspruchen und eine Klärung der noch strittigen Fragen zwischen seiner CV und der NhE, die aus der Kündigung des Betriebsvertrages von 1921 resultierten, durchsetzten. Doch Bachsteins wichtigstes Ziel, ein neuer Pachtvertrag zwischen NhE und CV, scheiterte am Veto der anderen Gesellschafter.

Im Verlaufe des Jahres 1925 setzte die NhE ihr Stammkapital neu auf 2,375 Millionen Mark fest. Zur gleichen Zeit baute die NhE in Neuhaldensleben eine 3,63 km lange Anschlußbahn für die Betriebe im Norden der Stadt. Das Regierungspräsidium Magdeburg erteilte für diese Strecke am 10. April 1925 die Konzession. Gut achtzehn Monate später verkehrte am 15. Oktober 1926 der erste Güterzug auf der Anschlußbahn zu den Neuhaldenslebener Werken. Ende der zwanziger Jahre gelang es der NhE, ihre Beförderungsleistungen zu konsolidieren. Pro Jahr zählten die Eisenbahner nun mehr als 200.000 Fahrgäste. So transportierte die Bahn 1928 etwa 280.000 Fahrgäste und mehr als 195.000 t Güter.

Doch mit der kurz danach beginnenden Weltwirtschaftskrise sanken die Einnahmen wieder. Um Geld zu sparen gab die NhE erneut die eigene Betriebsführung auf und vergab diese am 7. Mai 1930 wieder an Bachsteins CV. Für den Personenverkehr entstand in der Werkstatt der NhE 1932 aus einem Packwagen ein diesel-elektrischer Schlepptriebwagen, der gemeinsam mit zwei Steuerwagen zum Einsatz kam. Das neue Angebot kam bei Fahrgästen sehr gut an, und die Bahn konnte ihre Fahrgastzahlen von etwa 213.000 im Jahr 1935

ex NhE: DB AG-VT 771 010 zuckelt bei Nordgermersleben durch die Börde.

ex NhE: DB AG-VT 771 010 fährt aus Nordgermersleben nach Eisleben aus. Die Ladestraße ist schon zugewachsen.

ex NhE: In Richtung Eilsleben bahnt sich der DB AG-VT 771 010 im Schrittempo bei Ackendorf den Weg durch ein blühendes Rapsfeld.

Die Kleinbahn 83

ex NhE: *DB AG-VT 771 010 im Bahnhof Erxleben-Uhrsleben.*

auf mehr als 250.000 im Jahr 1939 steigern. Doch nicht nur in einen Triebwagen investierte die Bahn. Schrittweise wurden in den dreißiger Jahren das gesamte rollende Material und die baulichen Anlagen erneuert. Die NhE präsentierte sich so im Sommer 1937 als eine moderne Gesellschaft, die 70 Eisenbahner beschäftigte.

Zur Ergänzung des eigenen Zugangebotes und um die Konkurrenz fremder Fuhrunternehmen im Personenverkehr zu begrenzen, gründete die NhE einen eigenen Busbetrieb mit vier Fahrzeugen, welche am 1. Juli 1938 zum ersten Mal zum Einsatz kamen.

Auf der Hauptversammlung der NhE 1939 beschlossen die Aktionäre eine Namensänderung. Da die Stadt Neuhaldensleben mit dem Dorf Alt-Haldensleben 1938 zu Haldensleben zusammengelegt wurde, änderte die Gesellschaft ihren Namen in »Haldenslebener Eisenbahn«. Doch der alte Name wurde noch lange Zeit benutzt.

Im Zweiten Weltkrieg erreichte der Verkehr zwischen Haldensleben und Eilsleben durch zahlreiche Umleiterzüge der Reichsbahn noch nie gekannte Dimensionen. Glücklicherweise blieben grössere Zerstörungen aus. Dennoch mußte im Frühjahr 1945 mit dem Einmarsch der US-Armee der Betrieb für einige Tage eingestellt werden. Am 1. März 1946 stellte die Provinzialverwaltung die Haldenslebener Eisenbahn unter Zwangsverwaltung und beauftragte Ende 1946 die landeseigene »Sächsische Provinzbahnen G.m.b.H.« mit der Betriebsführung.

Im Sommer 1947 schien dann das Ende der Nebenbahn gekommen: Am 2. August 1947 wies die

Reichsbahn-Direktion (Rbd) Magdeburg die örtliche Betriebsleitung an, innerhalb von zehn Tagen sämtliche Gleise der NhE im Rahmen der Reparationsleistungen zu demontieren. Doch die Betriebsleitung nahm diese Anweisung nicht hin. Mit Unterstützung der Kreisleitung der SED und des Kommandanten der Roten Armee in Haldensleben, legte man bei der zuständigen Abteilung der Sowjetischen Militär-Administration (SMAD) in Königswusterhausen Einspruch ein. Dennoch rückten am 4. August 1947 die ersten Demontagetrupps ein. Doch die Eisenbahner gaben den Soldaten kein Werkzeug. Gegen Mittag traf dann der Befehl zum Abbaustopp ein. Nach längeren Debatten zwischen der Betriebleitung, der SMAD und der Rbd Magdeburg zeigte sich, daß die Reichsbahndirektion eigenmächtig gehandelt hatte. Um rares Oberbaumaterial zu sparen, wollte die Rbd Magdeburg kurzerhand die ehemalige NhE abbauen lassen.

Unter Reichsbahn-Verwaltung

Bevor die Deutsche Reichsbahn (DR) zum 1. April 1949 mit der Verwaltung und Nutznießung der Nebenbahn Haldensleben - Eilsleben beauftragt wurde, löste die Provinzialverwaltung am 28. Juli 1948 die Bahngesellschaft auf und löschte die Gesellschaft aus dem Handelsregister. Die Reichsbahn fasste die Werkstatt der NhE und die Hauptwerkstatt der GHWK zum Bahnbetriebswerk (Bw) Haldensleben zusammen.

In den fünfziger und sechziger Jahren erneuerte die DR nach und nach die Strecke. Weiterhin wurde das Angebot im Personenverkehr deutlich verbessert. So verkehrten im Sommerfahrplan 1957 werktags fünf Zugpaare, wobei der P 1029 als schnellster

ex NhE: DB AG-VT 771 010 im weitab von der Orschaft abgelegenen Haltepunkt Hundisburg.

Zug die 31,7 Kilometer in 74 Minuten zurücklegte. Elf Jahre später hatte die Bahn die lokbespannten Reisezüge durch Triebwagen ersetzt. Werktags pendelten nun sechs Zugpaare zwischen Haldensleben und Eilsleben. Ein Personenzug Nordgermersleben-Haldensleben ergänzte das Angebot. Am Wochenende schickte die Bahn nur drei Zugpaare ins Rennen.

Im Rahmen der Zentralen Oberbauerneuerung (ZOE) baute die Reichsbahn die gesamte Strecke auf eine Achslast von 20 Tonnen und eine Meterlast von 8 Tonnen je Meter aus. Damit war nun auch der Einsatz der schweren Dieselloks der Baureihe 132 auf der ehemaligen NhE möglich.

Dank der Zuckerfabriken in Ackendorf, Schackensleben und Nordgermersleben, der Bäuerlichen Handelsgenossenschaft (BHG) in Erxleben-Uhrsleben und dem Agrochemischen Zentrum (ACZ) in Hakenstedt herrschte bis zum Herbst 1989 auf der Strecke ein sehr reger Güterverkehr. Auch im Berufsverkehr war die Bahn unverzichtbar. Doch mit der Währungs- und Wirtschaftsunion und deren tiefgreifenden Umwälzungen brach die landwirtschaftliche Industrie entlang der ehemaligen NhE innerhalb weniger Monate zusammen. Mit der Schließung der »Zuckerfabrik Altmark« in Haldensleben und ihren Außenstellen tendierte der Güterverkehr praktisch über Nacht gen Null. Mit Beginn des Jahresfahrplanes 1992/93 stellte die Reichsbahn den Güterverkehr zwischen Haldensleben und Eilsleben de facto ein. Nur noch bei Bedarf wurden fortan Güterwagen nach Erxleben-Uhrsleben, Nordgermersleben und Schackensleben transportiert. Mit der Schließung dieser

Tarifpunkte legte die DR zum 31. Dezember 1994 den Güterverkehr auf der ehemaligen NhE still.

Der Personenverkehr hingegen lief weiter. Das Land Sachsen-Anhalt setzte für die Strecke sogar noch einen Fahrplan im Zwei-Stunden-Takt durch. Doch durch die langen Fahrzeiten konnte die Bahn weder mit dem Bus, geschweige denn mit dem Pkw konkurrieren. Kein Wunder, daß nur etwa achtzig Fahrgäste täglich die Züge nutzten. Mit der Abbestellung der Verkehrsleistungen durch das Land war das Schicksal der ehemaligen NhE schließlich besiegelt: Am 29 Mai 1999 rumpelte der letzte Triebwagen durch die Wiesen und Felder von Eilsleben nach Haldensleben.

Mit Dampf und Diesel

Mit drei Dampfloks der preussischen Gattung T 3 nahm die CV den Betrieb auf der NhE auf. Die drei von Henschel gebauten Lokomotiven besaßen im Vergleich zu ihren Vorbildern mit 365 mm aber einen größeren Kolbenhub. Da die drei Tenderloks in den Monaten der Zuckerrübenkampagne nicht reichten, bestellte Bachstein 1889 noch in Kassel eine vierte Lok. Jahrzehnte bestimmten dieses vier Loks nun das Geschehen auf der NhE. Zur Jahrhundertwende reihte die CV die Maschinen in ihr einheitliches Nummernschema für alle von ihr verwalteten Bahnen ein. Dabei waren für die Loks der NhE die Nummern von 11 bis 19 reserviert. Die vier T 3 bekamen deshalb die Betriebsnummern 11 bis 14.

Zu Beginn der zwanziger Jahre waren die vier Lokomotiven der NhE nahezu verschlissen. Zur Aufrechterhaltung des Betriebes versuchte die Bahn erst einmal gebrauchte Loks zu erwerben.

ex GHWK: Westlich des Staatsbahnhofs Haldensleben begannen umd endeten die Züge der Kleinbahn nach Weferlingen.

Von der Eutin-Lübecker Eisenbahn kam 1922 eine 1´C-n2-Tenderlok nach Haldensleben, die im wesentlichen der preussischen T 93 entsprach. Doch die nunmehrige Nummer 16 brachte nicht die erwarteten Leistungen und wurde nach vier Jahren an die Königsberg-Cranzer Eisenbahn abgegeben. Als Ersatz holte die NhE von der Bentheimer Eisenbahn 1926 eine preußische T 7 und von der Ziedertal-Eisenbahn einen Vierkuppler. Bis 1928 stockte die NhE ihren Lokpark weiter auf, so daß endlich die letzte T 3 verkauft werden konnte. Für den Einsatz auf der Hafenbahn kaufte man noch einen Zweikuppler, da die anderen Lokomotiven die engen Radien nicht durchfahren konnten.

Für den Personenverkehr baute die NhE in ihrer eigenen Werkstatt 1932 den diesel-elektrischen Schlepptriebwagen T 03. Bei einem zweiachsigen Packwagen wurde eine Achse durch ein zweiachsiges Drehgestell mit zwei je 95 kW starken Fahrmotoren ersetzt. Über dem Drehgestell im Wagen lag ein 220 kW Dieselmotor, der mit einem Gebus-Generator gekoppelt war. Der Umbau des 31 t schweren T 03 kostete etwa 60.000 Mark. Weiterhin entstanden aus zwei Personenwagen zwei Steuerwagen, mit denen der T 03 ab Mai 1932 im Einsatz war. Die Einheit lief etwa 250 km pro Tag. Sie beförderte auch Stückgut-, Milch- und Eilgutwagen. Später baute die NhE auf einem vierachsigen Wagengestell der WUMAG noch einen vierachsigen Steuerwagen VS 311 auf.

Durch den Triebwagen hatte die NhE die Möglichkeit ältere Maschinen auszumustern. Außerdem beschaffte die Bahn 1935 ihre zweite ELNA, nachdem sie mit ihrer ersten seit 1928 sehr gute

Erfahrungen gemacht hatte. Die dritte und letzte ELNA folgte 1940.

Die NhE besaß aber auch Dieselloks. Die beiden als Kö 4 und Kö 5 bezeichneten Kleinloks setzte man im Rangierdienst auf Bahnhöfen, großen Anschlußgleisen und im Haldenslebener Hafen ein.

Die Kleinbahn
Gardelegen-Neuhaldensleben-Weferlingen

Auch zwischen Neuhaldensleben und Weferlingen dominierten in der zweiten Hälfte des 19. Jahrhunderts eine leistungsstarke Landwirtschaft und große Zuckerfabriken. Eine Zementfabrik und ein Kalibergwerk bei Walbeck belebten weiterhin die lokale Wirtschaft. Dennoch wurde die Region von der Eisenbahn nur tangiert und lediglich durch die Chaussee Neuhaldensleben-Weferlingen erschlossen. Zwar eröffnete die KPEV am 1. September 1895 die Nebenbahn Helmstedt-Weferlingen-Oebisfelde, doch den weitaus größten Teil des Gebietes um Weferlingen nutzte die Bahn wenig. Vor allem für die Zuckerfabrik war die Staatsbahn nur eine halbe Sache. Über das Anschlußgleis zum Bahnhof Weferlingen bezog die Zuckerfabrik zwar Kohle und Kalk und versendete ihren Zucker, doch die Rüben aus dem Hinterland kamen immer noch mit Fuhrwerken. Kein Wunder, daß sich die Inhaber der Zuckerfabrik und des Kalkwerkes, das seine Erzeugnisse mit Pferdewagen zum Bahnhof Weferlingen karren mußte, für den Bau einer Eisenbahn von Neuhaldensleben nach Weferlingen einsetzten. Unterstützung erhielten sie dabei vom Behnsdorfer Bürgermeister Kruse, der am 19. Januar 1899 offiziell den Entwurf einer Kleinbahn von Neuhaldensleben nach

ex GHWK: Am Bedarfshaltepunkt Graui blieb der LVT 771 009 nur selten stehen.   GHWK-Fotos vom 14.5.99. von Otto Tokarski

Weferlingen beantragte. Das nur zwei Tage später aus der Taufe gehobene Eisenbahnkomitee bat Herrmann Bachstein mit der Projektierung der gewünschten Kleinbahn, deren Bauunterlagen Bachstein am 31. Juli 1901 beim Regierungspräsidium in Magdeburg vorlegte.

Doch wer sollte das auf ca. 1,82 Millionen Mark veranschlagte Vorhaben bezahlen? Zwar verpflichteten sich die Anliegergemeinden zur kostenlosen Überlassung des Baulandes, doch das reichte noch lange nicht. Also vereinfachte man die Trassenführung und sparte bei den Fahrzeugen. So sank der Kostenvoranschlag auf 1,45 Millionen Mark. Doch noch immer fehlte Geld. In dieser Situation beschlossen die Provinz Sachsen und das Ministerium der öffentlichen Arbeiten, sich als Aktionäre mit jeweils 483.000 Mark an der geplanten Gesellschaft zu beteiligen, die am 18. Dezember 1905 unter dem Namen »Kleinbahn AG Neuhaldensleben-Weferlingen« (KNW) aus der Taufe gehoben wurde. Das Regierungspräsidium in Magdeburg genehmigte am 18. Juni 1906 den Bau und Betrieb der Kleinbahn. Nur wenig später begann die Firma Michaelson aus Hannover mit dem Bau der Strecke. Das Anschlußgleis der Weferlinger Zuckerfabrik wurde dabei zuerst ausgebaut und am 1. Dezember 1906 für den öffentlichen Güterverkehr freigegeben.

Aus Richtung Weferlingen trieb man die insgesamt 31,8 Kilometer lange Strecke dann weiter vor nach Neuhaldensleben. Etappenweise ging die KNW in Betrieb. Von Weferlingen Zuckerfabrik nach Behnsdorf rollten die ersten Personen- und Güterzüge am 15. März 1907. Gut zwei Monate später am 16. Mai 1907 fuhr der festlich geschmückte Eröffnungszug in Neuhaldensleben ein. Der Güterverkehr zwischen Behnsdorf und Neuhaldensleben nahm die KNW erst am 21. Mai 1907 auf. Der erste Güterzug aus Weferlingen traf am 21. Mai 1907 in Neuhaldensleben ein.

Die Kleinbahn nach Gardelegen

Auch der nördliche Teil des Kreises Neuhaldensleben und die Region südlich von Gardelegen bemühten sich schon seit Jahren um eine Kleinbahn. Diese Wünsche erhielten nun nach der Eröffnung der KNW neuen Auftrieb. Allerdings fanden die Gemeinden nie einen gemeinsamen Nenner zum Trassenverlauf, da auch die braunschweigische Enklave Calvörde einen Bahnhof haben wollte. Die Gemeinde Calvörde hatte im Dezember 1903 genug von den ewigen Diskussionen und beschloß, eine eigene Kleinbahn nach Wegenstedt zu bauen. Das war eine richtige Entscheidung, denn erst am 14. Oktober 1905 legte das Ministerium der öffentlichen Arbeiten per Erlaß den groben Verlauf der Kleinbahn von Gardelegen nach Neuhaldensleben fest.

Dennoch vergingen einige Jahre bis die Finanzierung geklärt werden konnte, und am 5. April 1910 die Kleinbahn AG Gardelegen- Neuhaldensleben (KGN) gegründet wurde. Nachdem am 22. April 1910 die KGN die Konzession zum Bau und Betrieb der etwa 38 km langen Strecke erhielt, begannen umgehend die Bauarbeiten. Zur gleichen Zeit bot die KNW der KGN eine Fusion an, was letztere aber ablehnte. Nur das Angebot zur Mitbenutzung des Bahnhofes Neuhaldensleben und zur Berufung eines gemeinsamen Betriebsleiters nahm die KGN

ex GHWK: DB AG-VT 771 009 in Behnsdorf. Ein einzelner Herr war der einzige Fahrgast.

ex GHWK: DB AG-VT 771 031 in Weferlingen-Zuckerfabrik, dem Betriebsmittelpunkt der Strecke

ex GHWK: DB AG-VT 771 039 und 771 009 kreuzen im Bahnhof Altenhausen. Der LVT aus Haldensleben fuhr zuerst ein und drückte in das linke Gleis zurück.

an. Innerhalb weniger Monate stampften die Bauarbeiter die Kleinbahn aus dem Boden.

Schon im November 1910 setzte die KGN ihre ersten Güterzüge ein. Die offizielle Eröffnung des Personen- und Güterverkehrs folgte am 21. Mai 1911.

Viele Güter

Bei beiden Kleinbahnen bestimmte von Beginn an der Güterverkehr den Betriebsablauf. Für den Personenverkehr genügten auf den Strecken nach Weferlingen und Gardelegen jeweils vier Reisezugpaare. Auf der Weferlinger Schiene rollte ein ungleich größerer Güterverkehr als auf der benachbarten Strecke. So mußte die KNW allein für den Kalksteintransport drei Güterzüge einlegen. Schon wenige Jahre nach der Eröffnung reichten die Gleisanlagen und Fahrzeuge nicht mehr aus. In der zweiten Hälfte des Jahres 1907 wurden deshalb neue Fahrzeuge beschafft sowie die Lade- und Kreuzungsgleise ausgebaut. Bis zum Rechnungsjahr 1909/10 stieg das Transportvolumen der KNW auf mehr als 180.000 t an. Bis 1914 verdoppelte sich das Frachtaufkommen. Mit diesen beachtlichen Zahlen konnte die KGN natürlich nicht aufwarten. Aber die 264.000 t, die die Kleinbahn 1913/14 befördert, waren auch nicht zu verachten.

Doch der Erste Weltkrieg beendete diesen Aufschwung. Rückgänge im Güterverkehr, explodierende Betriebskosten und Personalmangel bestimmten die Kriegsjahre. Ab Sommer 1916 konnten beide Gesellschaften nur noch zwei Personenzugpaare auf ihren Strecken einsetzen. An machen Tagen mußte der Betrieb mangels Brennstoff ruhen.

Nach Ende des Krieges spitzte sich die Situation weiter zu. Die von den Beschäftigten 1919 und 1920 in Streiks erkämpften höheren Löhne und kürzeren Arbeitszeiten zwangen die Gesellschafter nicht nur zur Sparsamkeit beim Betrieb. Die Provinz Sachsen als größter Aktionär bei der KNW und der KGN setzte sich massiv für einen Zusammenschluß der Bahnen ein.

Aus beiden Gesellschaften entstand so am 19. August 1922 die

ex GHWK: Zugkreuzung in Altenhausen.

»Kleinbahn AG Gardelegen-Neuhaldensleben-Weferlingen« (GHWK), deren Stammkapital nach der Einführung der Reichsmark 1924 auf 2,648 Millionen Mark festgesetzt wurde.

Ab 1925 nahm der Verkehr auf den Kleinbahnen der GHWK dank eines deutlich erhöhten Zugangebotes wieder zu. Weiterhin griff man die bereits vor dem Ersten Weltkrieg erörterten Pläne für den Bau einer etwa sechs Kilometer langen Stichbahn von Süplingen nach Alvensleben-Dönstedt wieder auf. Von den Steinbrüchen bei Dönstedt versprach sich die GHWK deutliche Mehreinnahmen im Güterverkehr. Nach der landespolizeilichen Prüfung des Projektes begannen am 20. August 1927 die Arbeiten. Am 8. Oktober 1928 gab die GHWK die Strecke für den Personen- und Güterverkehr frei. Die Hoffnungen der Bahngesellschaft erfüllten sich: Im Rechnungsjahr 1928 stieg das Verkehrsaufkommen auf ca. 557.000 t Güter und über 247.000 Fahrgäste an.

Doch nur wenige Jahre später mit dem Beginn der Weltwirtschaftskrise setzte bei der GHWK, wie bei vielen anderen Bahnen auch, ein Abwärtstrend ein, der im Personenverkehr durch private Fuhrunternehmen noch verstärkt wurde. Zur Rationalisierung des Reiseverkehr erwarb die Kleinbahn 1933 bei der Berliner Verkehrsgesellschaft (BVG) neun Busse, die nach ihrem Umbau zu Schienenbussen fast den gesamten Personenverkehr abwickelten. Dennoch sah sich die Kleinbahn 1934 mangels Reisenden zur Einstellung des Personenverkehrs auf der erst 1928 eröffneten Stichstrecke nach Alvensleben-Dönstedt gezwungen. Bahneigene Busse ersetzten dort die Züge.

Ein Jahr später jedoch verzeichnete die GHWK erstmals wieder steigende Zahlen im Personen- und Güterverkehr. Dank der Mehreinnahmen konnten nun die Fahrzeuge und baulichen Anlagen modernisiert werden. Zu allererst verstärkte die GHWK ihren Oberbau durch schwerere Schienen, denn große Teile der Gleise bestanden noch aus Profilen der preußischen Form V. Weiterhin investierte die Kleinbahn in die Bahnhöfe Gardelegen und Neuhaldensleben, in eine neue Triebwagenhalle und in vier neue Dieseltriebwagen.

Im Zweiten Weltkrieg nahm der Personen- und Güterverkehr sprunghaft zu, auch wenn die GHWK ab 5. Mai 1941 nur noch wenige Züge mangels Personal einsetzen konnte. Nur mit Mühe und Improvisation gelang es den Eisenbahnern den Betrieb auf der GHWK vor dem Kollaps zu bewahren. Im April 1945 stellte die Kleinbahn aber mit dem Näherrücken der Front den Betrieb ein. Bis zum Sommer 1945 existierte auf der GHWK kein fester Fahrplan. Nach dem Einmarsch der Roten Armee in die Kreise Haldensleben und Gardelegen im Juli 1945 erweiterte sich das Aufgabengebiet der GHWK. Da die Strecke Helmstedt-Oebisfelde durch die Demarkationslinie dreimal unterbrochen wurde, oblag der Kleinbahn nun auch der Verkehr zwischen den Bahnhöfen Weferlingen-Staatsbahn und Döhren. Am 1. September 1946 sequestierte die Provinzialverwaltung Sachsen-Anhalt die Kleinbahn und beauftragte Ende 1946 die »Sächsische Provinzbahnen G.m.b.H.« mit der Betriebsführung. Als das Land Sachsen-Anhalt am 11. März 1949 die GHWK in Volkseigentum überführte, enteignete sich das Land Sachsen-Anhalt

Neuhaldenslebener Eisenbahn (NhE)

Name/Betr.-Nr.	Bauart	Hersteller	Bj.	Fabrik-Nr.	DR-Nr.	Bemerkungen
Dampflokomotiven						
2	C-h2t	Hohenzollern	1927	4600	89 6280	1933 von der Boizenburger Stadt- und Hafenbahn gekauft und 1934 an die Osterwieck-Wasserlebener Eisenbahn verkauft; ausgemustert am 15. April 1965 Hafenbahnlok
7	B-n2t					pr. T 3; später Nr. 2
11 NEUHALDENSLEBEN	C-n2t	Henschel	1887	2366		pr. T 3; später Nr. 3
12 EILSLEBEN	C-n2t	Henschel	1887	2367		pr. T 3; später Nr. 1, 1928 verkauft an die Aschersleben-Schneidlingen-Nienhagener Eisenbahn
13 NATHUSIUS	C-n2t	Henschel	1887	2368		
14 NORDGERMERSLEBEN	C-n2t	Henschel	1889	2920		pr. T 3
15	C-n2t	O&K	1907	2539		pr. T 3; 1932 verkauft an die Greußen-Ebeleben-Keulaer Eisenbahn
161	C-n2t	Henschel	1912	11097		pr. T 93; 1922 von der Eutin-Lübecker Eisenbahn gekauft und 1926 an die Königsberg-Cranzer Eisenbahn verkauft
17	D-h2t	Henschel	1924	20341		pr. T 7; COELN 6827; 1926 von der Bentheimer Eb. gekauft
18	C-n2t	Hohenzollern	1891	610		ELNA 5; 1939 an die Osterwieck-Wasserlebener Eisenbahn verkauft
191	C-h2t	Henschel	1928	21044		
33	D-n2t	O&K	1907	2231	92 6101	1926 von der Ziedertal Eisenbahn gekauft; ausgemustert am 31. Mai 1964
431	C-h2t	Henschel	1935	22736	91 6491	ELNA 5; ausgemustert am 6. Mai 1965
441	C-h2t	Henschel	1940	24576	91 6496	ELNA 5; ausgemustert am 17.12.70
78	B-n2t	Hanomag	1895	2650	98 6003	Leihlok der Esperstedt-Oldislebener Eisenbahn
Diesellokomotiven						
Kö 4	B-dm	O&K	1935	20 554	Kö 0300	Leihlok der Esperstedt-Oldislebener Eisenbahn
Kö 5	B-dm	Jung	1939	7868		
Trieb- und Steuerwagen						
T 031	Bo´-de	Eigenbau	1932	3	VT 135 552	ausgemustert 1956
VS 309		Wismar	1927		VS 144 501	entstand aus einen 2./3. Klasse-Wagen; 1963 zu VB 140 5267 umgebaut; am 1. Juni 1970 umgezeichnete in 190 846
VS 310		Wismar	1927			entstand aus einem 3. Klasse-Wagen; 1940 Abgabe an die Heeresfeldbahnen; bei der Luxemburgischen Staatsbahn verblieben
VS 311		Eigenbau	1936		VS 145 502	entstand auf einem vierachsigen Wagengestell der WUMAG (Baujahr 1930); später Umbau zu VB 147 512; am 1. Juni 1970 umgezeichnet in 1978; Eigentum der Ef-Freunde Salzwedel

Kleinbahn Gardelegen -Neuhaldensleben-Weferlingen: T 6 und T 9 (rechts) um 1933 im Kleinbahnbahnhof Neuhaldensleben.

selbst, denn bei der Kleinbahn war es der mit Abstand größte Aktionär.

Von der Reichsbahn übernommen

Wie bei der NhE übernahm auch die Deutsche Reichsbahn bei der GHWK zum 1. April 1949 die Verwaltung und Nutznießung. Dabei entstand zuerst das Bw Haldensleben, das aus der Hauptwerkstatt der GHWK, dem Lokbahnhof der DR und der Werkstatt der NhE hervorging. Doch bevor die DR an die dringend notwendige Sanierung der Strecken ging, legte sie zum 3. Oktober 1952 den Abschnitt Haldensleben-Letzlingen auf der Strecke nach Gardelegen still und baute ihn ab. Die Schienen, Weichen und Schwellen benötigte man dringend für andere Bahnlinien.

Bis zum Sommerfahrplan 1957 steigerte die Reichsbahn das Zugangebot auf den Strecken der ehemaligen GHWK schrittweise. So pendelten auf der Strecke Haldensleben-Weferlingen werktags fünf Zugpaare und ein Zug von Haldensleben nach Weferlingen. Auf der Stichstrecke nach Bebertal, dem ehemaligen Alvensleben, zuckelten vier Zugpaare, während zwischen Gardelegen und Letzlingen fünf Zugpaare verkehrten.

Mit dem massiven Ausbau der Grenzsicherungsanlagen ab dem 13. August 1961 endete der Personen- und Güterverkehr zwischen Weferlingen und Döhren zum 1. Oktober 1961. Auch die Reisefreiheit auf der Strecke nach Weferlingen wurde streng reglementiert. Nur noch Personen mit einem Passierschein durften in das Grenzgebiet um Weferlingen einreisen.

Trotz dieser massiven Einschränkungen sank der Personenverkehr auf den Strecken der ehemaligen GHWK erst Ende der sechziger Jahre. Mit der Einstellung des Personenverkehrs auf der Bebertaler Stichbahn am 31. Mai 1970 schrumpfte langsam das Kleinbahnnetz. Am 31. Juli 1970 legte die Reichsbahn den Abschnitt zwischen Forsthaus Eiche und Bebertal still und demontierte die Gleise. Den Güterverkehr zwischen dem Abzweig Süplingen und den Steinbrüchen Dönstedt, die im Forsthaus Eiche anschließen, gibt es hingegen bis heute.

Auch die Strecke Gardelegen-Letzlingen verlor Anfang der siebziger Jahre den Reiseverkehr. Am 25. September 1971 fuhr dort der letzte Personenzug. Für den Güterverkehr baute die Reichsbahn die Strecke sogar noch auf eine Achslast von 21 t und eine Metermasse von 8 t je Meter aus. Auf diese Parameter verstärkte die DR im Rahmen der Oberbauerneuerung auch die Abschnitte Haldensleben-Bodendorf und Abzweig Süplingen-Forsthaus Eiche, wo der Anschluß des VEB Zuschlagstoffe Haldensleben lag, wie die Endstation offiziell bis 1990 hieß.

Doch die Wende führte auch auf den Strecken der ehemaligen GHWK zu einem dramatischen Rückgang des Personen- und Güterverkehrs, der mit der Schließung des Gütertarifpunktes Letzlingen 1992 und der Stillegung des Abschnittes Gardelegen-Letzlingen am 21. Dezember 1994 endete.

Zwar ging auch zwischen Haldensleben und Weferlingen der Güterverkehr deutlich zurück, doch die Steinbrüche in Dönstedt, das Kaliwerk Walbeck und der Steinbruch Bodendorf versenden

Kleinbahn Gardelegen-Neuhaldensleben-Weferlingen (GHWK)

Bahn-Nr.	Bahn-Nr. ab 1940	Bauart	Hersteller	Bj.	Fabrik-Nr.	DR-Nr.
Dampflokomotiven						
1	289	C-n2t	Henschel	1906	7029	89 6209
2	290	C-n2t	Henschel	1906	7030	89 6210
3	189	B-n2t	Henschel	1906	7244	98 6208
4	288	C-n2t	Henschel	1906	7028	89 6015
5	285	C-n2t	Henschel	1913	12 387	89 6228
-	183	B-n2t	Hohenzollern	1900	1303	98 6301
7	184	B-n2t	Hohenzollern	1901	1493	
-	192	B-n2t	Henschel	1907	7249	98 6210
8		B1-n2t	Henschel	1895	4137	
-	259	C-n2t	Hohenzollern	1900	1270	89 6109
10	295	C-n2t	Henschel	1910	10 038	89 6140
11	296	C-n2t	Henschel	1910	10 039	89 6016
-	298	C-n2t	Hanomag	1910	5832	89 6220
10	351	1´C-n2t	Henschel	1919	16 431	91 6401
11	352	1´C-n2t	Henschel	1919	16 432	91 6402
12	599	D-n2t	Hanomag	1918	8463	
15		B-n2t	Henschel	1910	10 178	
16		B-n2t	Henschel	1910	10 179	
-	405	1´C1´-h2t	Henschel	1942	26 459	75 6686
15	501	D-h2t	Henschel	1936	23 271	92 6491
-	502	D-h2t	Henschel	1939	24 753	92 6492
-	541	D-h2t	Henschel	1925	20 589	92 6581
-	581	D-n2t	Hohenzollern	1912	2928	92 6401
Schienenbusse und Triebwagen						
T 1		1-A-dm	NAG	1927		VT 133 511
T 2		1-A-dm	NAG	1926		
T 3		1-A-dm	NAG	1926		
T 4		1-A-dm	NAG	1926		
T 5		1-A-dm	NAG	1926		
T 6		1-A-dm	NAG	1927		
T 7		1-A-dm	NAG	1927		
T 8		1-A-dm	NAG	1927		
T 9		1-A-dm	NAG	1927		
T 17		1-A-dm	Lindner	1937		
-	51	1-A-dm	Dessau	1939		VT 135 536
-	52	1-A-dm	Dessau	1939		VT 135 537
-	53	1-A-dm	Dessau	1939		VT 135 538
-	61	A-A-dm	Dessau	1940		VT 135 539
Beiwagen						
VB 151			Dessau	1939	3245	VB 140 508
VB 152			Dessau	1939	3246	VB 140 509
VB 153			Dessau	1939	3247	VB 140 510
A 101			NAG	1926		

pr. T 3; geliefert für KNW; verkauft 1942 an die Kleinbahn Annaburg-Prettin; ab 1. Dezember 1962
Werklok der Zuckerfabrik Erdeborn
pr. T 3; geliefert für KNW; ausgemustert am 18. Juli 1967 und verkauft als Heizlok an die LPG »Thomas
Münzer« ,Worin
geliefert für KNW; verkauft am 15. November 1913 an die Kleinbahn Rennsteig-Frauenwald;
ausgemustert 1963
pr. T 3; geliefert für KNW; verkauft 1925 an die Genthiner Kleinbahn; gekauft 1936 von der Genthiner
Kleinbahn; ab 20. Januar 1954 Werklok im Raw Jena
pr. T 3; geliefert für KNW; ausgemustert am 7. September 1965
Lenz-Typ C; gekauft 1942 von der Kleinbahn Annaburg-Prettin; ab 1. Februar 1958 Werklok des VEB
Fahlberg-List Magdeburg
Lenz-Typ C; gekauft 1925 von der Genthiner Kleinbahn gekauft; verkauft am 30.September 1942 an die
Firma Radau (Düsseldorf)
1946 von der Kleinbahn Ellrich-Zorge erhalten; ausgemustert am 1. Oktober 1965
pr. T 2, ab 1915 pr. T 1; gekauft 1928 von der Nauendorf-Gerlebogker Eisenbahn gekauft;
1932 abgestellt; 1938 ausgemustert
pr. T 3; von der Kostener Kleinbahn erhalten; ausgemustert am 15. September 1965
pr. T 3; geliefert für KGN; Nr. 3 II ab 1922; verkauft 1941 an die Kleinbahn Bebitz-Alsleben;
ausgemustert 1957
pr. T 3; geliefert für KNW; Nr. 4II ab 1922; verkauft 1937 an die Kleinbahn Bebitz-Alsleben;
ausgemustert am 5. März 1965
pr. T 3; ursprünglich Braunschweigische Landeseisenbahn; 1945 von der DRG gekauft; ausgemustert am
7. April 1967
geliefert für KNW; ausgemustert am 7. August 1967
geliefert für KNW; ausgemustert am 19. Juli 1967
gekauft 1933 von der Kleinbahn Bebitz-Alsleben; verkauft 1941 an die Arado-Flugzeugwerke
Brandenburg
an die KGN geliefert; verkauft 1918 an Sachsenwerk Stendal
an die KGN geliefert;verkauft 1918 an Sachsenwerk Stendal
ausgemustert am 16. Januar 1968
ELNA 6; ausgemustert am 14. Juni 1967
ELNA 6; ausgemustert am 31. Dezember 1964; ab 21. Januar 1965 Werklok der VEB Stickstoffwerke
Piesteritz, Werk Rübeland
gekauft 1928 von der Vogelsberger Kleinbahn; verkauft am 5. Oktober 1935 an Genthiner Kleinbahn
verkauft; ab 1947 Leihlok; ausgemustert am 18. Januar 1967
pr. T 13; ELBERFELD 7905; spätere 92 646; am 16. Januar 1945 defekt von der Genthiner Kleinbahn
übernommen; ausgemustert am 10. März 1964

1948 von der Kleinbahn Wegenstedt-Calvörde übernommen; ausgemustert am 19. Dezember 1957
Omnibus; gekauft 1933 von der BVG; Abnahme nach Umbau am 29. Oktober 1933; ausgemustert 1941
Omnibus; gekauft 1933 von der BVG; Abnahme nach Umbau im Dezember 1933; ausgemustert 1941
Omnibus; gekauft 1933 von der BVG; Abnahme nach Umbau im Januar 1934;
1941 nach Pleszew (Polen) abgegeben
Omnibus; gekauft 1933 von der BVG; Abnahme nach Umbau im Mai 1934; ausgemustert 1941
Omnibus; gekauft 1933 von der BVG; Abnahme nach Umbau im Juli 1934; ausgemustert 1938
Omnibus; gekauft 1933 von der BVG; Abnahme nach Umbau im Mai1935; ausgemustert 1941
Omnibus; gekauft 1933 von der BVG; Abnahme nach Umbau im Mai 1936; ausgemustert 1941
Omnibus; gekauft 1933 von der BVG; Abnahme nach Umbau am 10. Mai 1941; verkauft 1941 an die
Kleinbahn Wegenstedt-Calvörde
1944 von der Kleinbahn Wolmirstedt-Colbitz übernommen; in Haldensleben abgebrannt;
ab 1947 ausgemustert
am 1. Juni 1970 umgezeichnet in 186 025; ausgemustert am 1. September 1970
am 1. Juni 1970 umgezeichnet in 186 026; ausgemustert 1970
am 1. Juni 1970 umgezeichnet in 186 027; ausgemustert 1970
am 1. Juni 1970 umgezeichnet in 186 028; ausgemustert am 15. Juli 1976

am 1. Juni 1970 umgezeichnet in 190 833 im Einsatz; ausgemustert am 30. November 1984
Gepäckabteil; am 1. Juni 1970 umgezeichnet in 190 834
am 1. Juni 1970 umgezeichnet in 190 835; ausgemustert 3. August 1981
Omnibus-Anhänger; gekauft 1933 von der BVG; Abnahme nach Umbau im Februar 1935; ausgemustert 1941

ex GHWK: DB AG-Diesellok 232 420 vor einem schweren Schotterzug zwischen Haldensleben und Forsthaus Eiche.

noch heute regelmäßig auf der Schiene. Im Reiseverkehr pendelten auf der Kursbuchstrecke 314 Haldensleben-Weferlingen ab 1992 Triebwagen im Zwei-Stunden-Takt. Doch bei einer Fahrzeit von 85 Minuten für ca. 32 Kilometer bot der Zug keine Alternative zum Bus oder zum Auto. Während das Land Sachsen-Anhalt auf anderen Strecken die Attraktivität steigerte, bewahrte die KBS 314 bis zum Schluß ihre Kleinbahnatmosphäre mit einer gewundenen Streckenführung und Stationen teilweise weit ab der Ortschaften. Damit konnten keine Reisenden gewonnen werden. Es kam wie es kommen mußte - das Land bestellte im Dezember 1998 den Verkehr ab, und am 29. Mai 1999 schaukelte die letzte Regionalbahn über die ehemalige GHWK. Im Güterverkehr wird die Strecke samt der Stichbahn zum Forsthaus Eiche aber weiterhin bedient.

Fahrzeuge

Mit nur einer B-n2- und zwei C-n2-Tenderloks (preußische T 3) eröffneten die KNW ihren Betrieb. Da die drei Loks aber nicht ausreichten, erwarb die Kleinbahn wenige Monate später noch eine dritte T 3. Im Jahr 1912 gab man schließlich den Zweikuppler ab, der auf der steigungsreichen Strecke oft überfordert war. Diese Lücke schloß die KNW durch einen weiteren Dreikuppler. Bis 1922 wickelten diese Lokomotiven den gesamten Betrieb auf der Kleinbahn ab.

Auch die KGN entschied sich für die bewährte T 3, von der zwei zur Betriebseröffnung bereit standen. Zwei B-n2-Tenderloks ergänzten den Lokpark. Doch die Zweikuppler waren nach nur wenigen Jahren für die immer längeren Züge zu schwach. Nach ihrem Verkauf an das Sachsenwerk Stendal, stellte die KGN 1919 zwei 1´C-n2-Tenderloks aus dem Hause Henschel in Dienst, die große Ähnlichkeit mit der mecklenburgischen T 4 besaßen.

Bei der Fusion brachten beide Unternehmen jeweils vier Dampfloks in die GHWK mit ein. Zwischen 1925 und 1926 erprobte die GHWK einen DWK-Triebwagen im Personenzugdienst. Diese

Probefahrten bestätigten zwar eine grundsätzliche Eignung von Triebwagen auf den Strecken der Kleinbahn, doch mit seiner Motorleistung von ca. 100 PS war der DWK-Wagen nicht leistungsstark genug.

An der Triebwagenidee hielt die GHWK fest. Doch die neuen Wagen waren teuer. Die Kleinbahn beschritt deshalb einen ungewöhnlichen Weg. Im Sommer 1933 übernahm sie von der BVG insgesamt neun Doppelstockomnibusse, die anschließend in Schienenbusse umgebaut wurden. Die zuständige Bahnaufsicht in Hannover stand dem Vorhaben ziemlich skeptisch gegenüber. Der Ersatz der Räder durch Eisenbahnräder und die Verstärkung der Vorderachse waren komplizierter als gedacht. Die Zulassung der umgebauten Omnibusse dauerte recht lange. Erst am 29. Oktober 1933 gestattete die Kleinbahnaufsicht der GHWK den Einsatz des T 2. Die anderen Busse T 3, T 4 und T 5 besaßen ein offenes Oberdeck und nahmen erst zwischen Dezember 1933 und Mai 1934 den Betrieb auf. Bis zum Juli 1937 folgten vier weitere Doppeldecker mit den Nummern T 6 bis T 9. Im Einsatz offenbarten die Busse jedoch einige Unzulänglichkeiten. Besonders das Bremsen erforderte von den Eisenbahnern viel Fingerspitzengefühl. Mit dem Kauf neuer Dieseltriebwagen zwischen 1939 und 1940 konnte die GHWK auf ihre Schienenbusse verzichten, die bis 1941 alle abgestellt wurden. Als letzten stellte man den T 9 ab, den 1942 noch die Kleinbahn Wegenstedt-Calvörde kaufte.

Ihren Dampflokpark stockte die GHWK bis Mitte der dreißiger Jahre nur durch zwei gebrauchte Vierkuppler für den Güterzugdienst auf. Während 1928 von der Vogelsberger Kleinbahn eine Heißdampflok nach Haldensleben kam, übernahm man 1933 von der Kleinbahn Bebitz-Alsleben eine D-n2-Tenderlok. Nach dem Kauf zweier ELNA-Loks ging der Naßdampfer als Werklok an die Arado-Werke in Brandenburg. Letzter Neuzugang bei der GHWK war 1942 eine 1´C1´-h2-Tenderlok von Henschel, die sich an den ELNA-Typen orientierte.

Werksbahnen und Industriebahnen in Deutschland

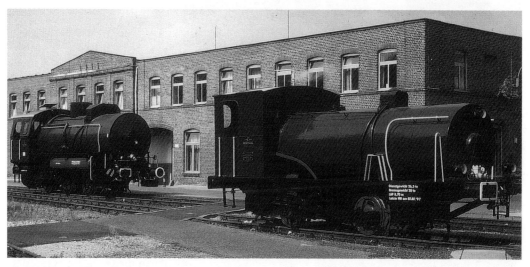

Akzo-Nobel, Heinsberg-Oberbruch: *Lok II (links) und Lok I am 15.8.97 im Werksgelände.* Foto: Frank Glaubitz

Akzo-Nobel AG., Heinsberg-Oberbruch

Bei diesem Werk handelt es sich um das Stammwerk der ENKA. Im Jahre 1898 wurde hier die Kunstseideproduktion entwickelt. Heute werden Chemiefasern hergestellt. Auf der Werkbahn verkehren seit jeher Dampfspeicherlokomotiven. Meist sind Kesselwagen zu bewegen. Die Übergabe zur DB AG liegt an der Rückseite des Werkes. Hier ist auch eine Gleiswaage, wo alle Waggons vor der Übergabe gewogen werden. Da die Waage außerhalb des Werkes liegt, kann man hier den Werkbahnzug von öffentlichen Straßen und Feldwegen aus beobachten. Im Werk in der Nähe von Tor II befindet sich der zweiständige Lokschuppen.

Die Einsatzlok war über ein Jahr mit Fristablauf abgestellt. Die der Teilzerlegung wurden erhebliche Risse in den Achsen festgestellt. Die HU wurde abgebrochen und der Zusammenbau nicht durchgeführt. Bei der Suche nach einer anderen Lok wurde man in Bitterfeld fündig und kaufte eine gebrauchte FLC. Diese Lok erhielt in der Lokwerkstatt des Kraftwerkes Düsseldorf-Lausward eine HU. Um die engen Gleisradien im Werk befahren zu können, wurden an der mittleren Achse die Radkränze entfernt. Diese »neue« Lok ist nun Einsatzlok. Die teilzerlegte Krauss-Maffei-Lok ging an einen örtlichen Schrotthändler und wurde verschrottet.

Dampfspeicherloks der Akzo-Nobel, Heinsberg-Oberbruch

Nr.	Bauart	Hersteller	Bj.	F.Nr.	Bemerkungen
I	B-f1	Hanomag	1922	9558	1960 Austauschkessel Esslingen 5310
II	C-f1	Meiningen	1987	03147	Typ FLC; Kessel Uebigau 14933; ex Chemiekombinat Bitterfeld-Chemie AG Bitterfeld-Wolfen; 1997 an Akzo AG, Heinsberg-Oberbruch.
-	B-f1	Krauss	1924	8072	von ENKA Heinsberg an ENKA Obernburg; 1981 an Eisenbahnfreunde Aschaffenburg; 1985 an Eisenbahnfreunde Rodgau; Rödermark; 1994 Denkmal Bahnhof Ochtendung.
2	B-f1	Kr.-Maffei	1936	15584	1997 an Schrotthändler in Heinsberg; † 1997

BfB: Henschel B-dm 2275 rangiert am 24.9.98 im BfB-Lager Holzminden.

Foto: Steffen Hartwich

BfB: Henschel B-dm 2275 am 18.2.98 im Lager Holzminden vor der Übergabe der grünen BfB-Kesselwagen an die Ilmebahn-Lok (links hinten). Foto: Steffen Hartwich

BKR, Einbeck: Lok 1 am 22.9.98 abgestellt im Werksgelände. Foto: Steffen Hartwich

Anschließend erhielt auch die jetzige Reservelok von Hanomag eine komplette HU mit Neuanstrich in der Lokwerkstatt des Kraftwerkes Düsseldorf-Lausward.

Literatur: »Die Drehscheibe«, Ausgabe 123. Frank Glaubitz gestattete freundlicherweise die Wiedergabe der Lokliste (Auszug). Horst Prange

**Bundesmonopol-
verwaltung für
Branntwein (BfB),
Lager Holzminden**

In privaten Brennereien wird im Auftrag der Bundesmonopolverwaltung für Branntwein (BfB) aus natürlichen Rohstoffen wie Obst oder Getreide hochprozentiger Alkohol produziert. Den Vertrieb der Destillate übernimmt die BfB, ebenso wie die Reinigung und die Lagerung. Der Transport der Alkohole findet überwiegend auf der Schiene statt und zwar in den bekannten, grün lackierten BfB-eigenen Kesselwagen. Über das Bundesgebiet verteilt gibt es mehrere BfB-Betriebe, einige von ihnen dienen allerdings nur als Zwischenlager für die produzierten Alkohole. Im neuen Zielbahnhof Holzminden der Ilmebahn betreibt die BfB ein Zwischenlager für die produzierten Alkohole. In den Monaten März bis Mai ist hier ein sehr starkes Wagenaufkommen von insgesamt 140 Wagen zu verzeichnen, ansonsten ist das Wagenaufkommen eher bescheiden. Um das Anschlußgleis des BfB-Lagers in Holzminden zu erreichen, müssen zuvor die Gleisanlagen der Fa. Haarmann & Reimer durchfahren werden. Falls Kesselwagen für die BfB abgeholt oder zugestellt werden müssen ist die Ilmebahn relativ pünktlich gegen 12 Uhr dort zu beobachten. Für den Verschub auf dem Gelände der BfB steht der BfB eine kleine Henschel-Diesellok (B-dm; 1951/2275; Typ DG 26) zur Verfügung. Die Lok kam 1963 vom BfB-Betrieb München nach Holzminden. Steffen Hartwich

BKR Biskupek Klöckner Recycling GmbH & Co. KG Betrieb Einbeck

Gleich neben dem Betriebshof der Ilmebahn GmbH gelegen ist dieser Altmetalle und Schrott verwertende Betrieb. Mittels eines Schwebekrans werden die Altmetalle auf dem Gelände verteilt und an mehreren Ladestellen in Güterwagen geladen. Unter anderem wurde auch die Ilmebahnlok V 60 01 (MaK 1955/500017) hier mittels eines Schneidbrenners zerlegt.

Für den Verschub auf dem Werksgelände stehen dem Recyclingbetrieb zwei Loks zur Verfügung:

Lok 1 (B-dm; 1938/Deutz 23030; Typ OMZ 122) kam 1973 vom Klöckner-Werk Osnabrück nach Einbeck. Sie wurde Mitte 1998 allerdings auf Grund eines Motorschadens abgestellt.

Um dem teilweise recht hohen Frachtaufkommen gerecht zu werden wurde im Jahr 1992 eine weitere Lok beschafft. Ebenfalls vom Klöckner-Werk Osnabrück kam die heutige Lok 2 (B-dh; Deutz 1959/56945; Typ A8L614R) nach Einbeck. Diese Lok ist jetzt die Einsatzlok dieses Betriebes.

Pro Werktag werden durch die Ilmebahn morgens und nachmittags etwa zwei bis drei Wagen zugestellt und abgeholt.

Steffen Hartwich

BKR: Werklok 2 rangiert am 9.10.95 ein Güterwagen mit Schrott.
Foto: Steffen Hartwich

Emslandstärke GmbH, Werk Wietzendorf

Zu dem in DIE KLEINBAHN Band 9 gebrachten Beitrag über die Stärkefabrik habe ich eine Korrektur und eine Ergänzung. Es stimmt nicht, daß das Anschlußgleis zur Emslandstärke bereits ausgebaut ist. Im Jahre 1997 wurde die im Text erwähnte LHB-Werkslok an einen unbekannten Eisenbahnliebhaber verkauft.

Quelle: Gespräch mit Mitarbeitern der Stärkefabrik.

Steffen Hartwich

Kali-Chemie, Bad Hönningen: Lok 202 (Henschel 1959/25267; DH 120/170 B) am 22.9.95 im Werksgelände. Hier wird auch noch eine Jung-Diesellok eingesetzt. Foto: OLI

Papierfabrik Scheufelen, Oberlenningen

In DIE KLEINBAHN Band 9 (Seite 71) ist eine Bildunterschrift zu berichtigen. Auf dem oberen Bild

Ver. Papierwerke Schickedanz, Neuss: Die Werkslok (MF Esslingen 1961/5302) rangiert normalerweise ausschließlich im Werksgelände. Foto: OLI

sind beide (!) Werkslokomotiven zu sehen, denn die ex DB 360 (V 60) ist ebenfalls eine Werkslok. Sie trägt das Lokschild V 60 687. Sinngemäß ist auch die Bildunterschrift rechts unten zu ändern. Wolfgang Spitzig

Zeppelin Baumaschinen GmbH (ex DR-Baureihe 106)

Die vierachsige DR-Diesellok der Baureihe 106 wurde von 1961 bis 1982 hergestellt und ist mit 2.166 Stück die in der ehemaligen DDR meistgebaute Rangierlok. 1.126 Loks wurden für die DR (Deutsche Reichsbahn) gefertigt, 465 Loks gingen in den Export und 575 Exemplare wurden an DDR-Betriebe geliefert. Auch wenn nach der deutschen Wiedervereinigung viele Loks abgestellt wurden und besonders die älteren und leichteren Versionen mehr und mehr verschwinden, so gibt es eine Vielzahl von 106er, die erhalten bleiben und im Zuge einer Generalüberholung modernisiert und wirtschaftlicher gemacht werden. Instandhaltungswerk für die Baureihe 106 ist das FAW/Fahrzeugausbesserungswerk (ehemals RAW) Chemnitz für die DB AG (ex DR) Loks, die heute die Bezeichnung Baureihe 344-347 haben, sowie auch für die Fahrzeuge, die in den Industriebetrieben laufen. Aber auch andere Firmen wie z. B. die Regental Fahrzeugwerkstätten GmbH

Regental Bahnbetriebs-GmbH: Diesellok D 08 enstand bei der bahneigenen RGF aus einer BR 106 als Umbau mit Caterpillar-Motor. Werkfoto Zeppelin

(RGF), Reichenbach, oder ITB, Brandenburg, haben bereits erfolgreich V60/BR 106-Loks umgebaut und modernisiert. FAW erhielt von Buna AG in Schkopau eine Anfrage nach einem für dortige Einsatzzwecke optimalen Motor. Nach einer Marktanalyse wurde in eine Buna-Werklok ein Caterpillar-Motor vom Typ 3412 DI-TA mit einer Dauerleistung von 480 kW von der Zeppelin Baumaschinen GmbH, Bremen eingebaut. Dieser Motor hat wesentlich höhere Laufleistung (30.000 Motorstunden bis zur Revision), geringeren Kraftstoff und Ölverbrauch, geringere Schadstoffemission und niedrigeren Lärmpegel. Lieferant Zeppelin mit seinen über fünfzig eigenen Niederlassungen in Deutschland und seiner Ersatz-

teillieferbereitschaft (92 % sofort, 98 % innerhalb von 24 Stunden) trägt zur höheren Lokverfügbarkeit bei. Die Betriebskosten wurden deutlich gesenkt. Ein weiterer wesentlicher Nutzen für den Betreiber, den Industriebetrieb oder die Industriebahn ist die Tatsache, daß sich der CAT-Motor einfach einbauen läßt. Es bedarf keiner Anpassung im Antriebskraftstrang. Die Motorleistung (480 kW/652 PS) und das Drehmomentverhalten paßt hervorragend zum unveränderten hydraulischen Getriebe. Das hält die Investitionskosten niedrig. Zwischenzeitlich hat die Buna AG vom FAW Chemnitz ihre fünfte modernisierte BR 106-Lok erhalten.

In die bei der RGF Überarbeitete BR 106-Lok wurde neben dem robusten, sparsamen CAT-Motor 3412 DI-TA die bewährte elektronische Steuerung KM-Direkt von Krauss Maffei, München, eingebaut. Dieses modulare Steuerungssystem ermöglicht eine Eigendiagnose, Überwachung und Steuerung des Antriebs- und Bremssystems und auch einen funkferngesteuerten automatischen Fahrbetrieb. FAW Chemnitz und RGF Reichenbach haben zur Erhöhung der Arbeitssicherheit die Umläufe um die stirnseitigen Vorbauten der Rangierloks verbreitert und auch die Rangiertritte mit rutschfesten Trittbelegen verbessert. ITB Brandenburg bietet ebenfalls einen hohen Umbaustandard.
Ulrich Bruckmeyer/Zeppelin/pr.

BUNA AG, Schkopau: Lok 72 entstand bei FAW aus einer BR 106 als Umbau mit Caterpillar-Motor. Werkfoto Zeppelin

Modelle

Wolfgang Zeunert

nach Kleinbahn-Vorbildern

Liliput/Bachmann (L112401): Diesellok DE 75 der Häfen- und Güterverkehr Köln (Lieferzustand ohne Zurüstteile).

Liliput/Bachmann (H0): MaK-Diesellok der Häfen- und Güterverkehr Köln

Die dieselelektrische DE 1002 mit Leistungsübertragung in Drehstromtechnik ist eine geradezu typische Vertreterin einer technisch und vom Aussehen her neuzeitlichen Diesellok. Nachdem der ehemalige Hersteller Krupp-MaK die Lok als DE 6400 in größerer Stückzahl an die Nederlandse Sporwegen liefern konnte wurden auch deutsche Regionalbahnen auf diese leistungsfähige Loktype aufmerksam. Bei einer ganzen Reihe von Betrieben verkörpert sie heute in dieser (und auch abgewandelter) Form die moderne Privatbahn. Das Modell der Häfen und Güterverkehr Köln soll hier stellvertretend für andere Lackierungs- und Beschriftungsvarianten beschrieben werden.

Die Lok mit den schmalen Aufbauten wirkt zierlich und elegant. Die beiden Lokvorbauten und das asymmetrisch angeordnete Führerhaus weisen zahlreiche fein gravierte Einzelheiten auf, die Lüfter und Widerstände ebenso umfassen wie die zahlreichen Türen und Klappen, die beim Vorbild den Zugang zu den Aggregaten unter den Aufbauten erlauben. An den Stirnseiten sind fünf Lampen angebracht, die das weiße Dreilichtspitzensignal sowie zwei rote Schlußleuchten darstellen. Das Führerhaus hat schräg gestellte Seitenfenster und Scheibenwischer an den Stirnfenstern, ein Signalhorn auf dem Dach und einen zwecks besserer Lokführersicht seitlich versetzten Auspuff. Am Fahrwerk sind die beiden in fein plastischer Ausführung gefertigten Drehgestelle zu bewundern. Unter der Lok in Lokmitte ist der Kraftstofftank mit

den Bremsluftbehältern angebracht. Liliput hat auch diesem Modell eine perfekte mattfarbene Lackierung angedeihen lassen. Die Bedruckung ist klaglos sauber. An der HGK-Lok sind am Führerhaus Loknummer, Eignerlogo und zwei Fabrikschilder sowie der Vermerk »Auf Bundesbahn zugelassen« aufgedruckt. Auf dem Kraftstofftank ist sauber lesbar die übrige Beschriftung plaziert. Im Lieferzustand ist die Lok noch etwas nackt, denn ein pralles Beutelchen mit zahllosen Handgriffen und sonstigem Fummelkram liegt unübersehbar in der Packung und harrt der Anbringung durch den Käufer.

Im Gegensatz zu einem früheren Alt-Liliput-Modell hat diese Neuversion der DE 1002 nur noch einen Motor, der mittig mit Schwungmasse angeordnet die Kraft mittels Kardan auf beide Drehgestelle überträgt. Die Lok fährt klaglos und mit einem angenehmen Diesellokgeräusch über Gleise und

Liliput/Bachmann: Seitenansicht des HGK-Modell der DE 75.

Liliput/Bachmann (L112410): Seehafen Kiel-Diesellok 4. Die Lok ist im Lieferzustand ohne zu montierende Zurüstteile abgebildet.

Liliput/Bachmann (L1124--): Diesellok 14 der Tegernsee Bahn AG (fotografiert noch ohne Zusrüstteile).

Weichen vieler namhafter Modellgleishersteller. Sie tut das ruck- und taumelfrei und mit angemessener Zugkraft. Die in einer Kulisse gelagerten Kupplungsaufnahmen sind in Verbindung mit den Drehgestellen leicht schwenkbar angeordnet. Die Lok ist mit einer Digitalschnittstelle nach NEM und NMRA ausgerüstet. Nach Herstellerangaben können beispielsweise sowohl Lenz- als auch Selectrix-Dekoder verwendet werden.

Eine sechsseitige, illustrierte Bedienungsanleitung unterrichtet über Vorbild, Inbetriebnahme, Wartung und Pflege, Lampenwechsel sowie Digitaleinbau. Ausführlich wird die Anbringung der zahlreichen Zurüstteile erklärt. Eine zweiseitige, illustrier-

Liliput-Bachmann: Seitenansicht der Seehafen Kiel-Diesellok 4.

Liliput/Bachmann: Seitenansicht der Tegernsee Bahn-Lok 13.

Märklin (H0):
EVB-Diesellok

Märklin hat als Exklusivmodell für die Handelsgruppe »idee + spiel« die Diesellok 286 der Eisenbahnen und Verkehrsbetriebe Elbe-Weser (EVB) herausgebracht. Es handelt sich um eine ehemalige DB-Lok der Baureihe 212.
Die EVB-Lackierung wurde perfekt getroffen bis hin zum angesetzten Schriftzug am Kühlergrill an der einen Lokstirnseite. Die Laufeigenschaften sind solider Märklin-Standard. Das Modell ist mit einem DELTA-Mehrzugsteuerungsdecoder ausgerüstet.

te Ersatzteilliste dürfte in jedem Defektfalle nützlich sein.

Wie schon erwähnt wird die DE 1001 bei mehreren Regionalbahnen eingesetzt. Es ist daher legitim, daß Liliput/Bachmann Farb- und Beschriftungsvarianten auflegt. Zusammen der HGK-Lok wurden zwei weitere Lokomotiven gleicher Bauart ausgeliefert:

Diesellok 14 der Tegernseebahn (L112400): Elegante, dunkelblaue Lackierung mit weißem Zierstreifen und ebensolcher Beschriftung. Dieses Modell ist trotz seines modernen Vorbildes heute schon als historisch zu betrachten, denn die Tegernseebahn hat ja keinen eigenen Schienenverkehr mehr.

Lok 4 Seehafen Kiel (L112410): Modell nach einem unwahrscheinlich gelungenem Vorbild mit orangefarbenen Aufbauten, graublauer Bauchbinde mit weißem Zierstreifen und am langen Vorbau in großen Lettern die Anschrift »Seehafen Kiel«. Vielfach besteht der Wunsch eine Hafenbahnanlage zu bauen. Bitte, hier ist die richtige Lok dafür.

Fazit: Liliput bietet mit diesem Modell eine exzellente Lokomotive, die in guter Qualität die Modellnachbildung moderner Regionalbahnen erlaubt. Aber auch der DB AG-Freund wird sich mehr und mehr mit solchen Modellen befassen müssen, denn immer mehr Regionalbahnlokomotiven sind auf den ehemaligen Staatsbahnstrecken im Güterverkehr zu sehen.

BEMO H0: Regio-Shuttle der Hohenzollerischen Landesbahn AG (HzL)

Neben der Bedienung ihrer Stammstrecke Eyach-Hechingen-Sigmaringen/Sigmaringendorf und der Zweigstrecke Gammertingen-Kleinengstingen erbringt die Hohenzollerische Landesbahn AG (HzL) seit einigen Jahren auch Güterzugleistungen auf Gleisen bzw. im Auftrag der DB AG im Raum Sigmaringen-Mengen-Ulm. Im Auftrag des Landrats-

amtes Tuttlingen führt die Bahn den Schülerverkehr von Tuttlingen in Richtung Donautal durch. Für diesen Einsatz beschaffte die Bahn die beiden Triebwagen VT 44+45 und beschriftete sie in speziellen Farben. Im Frühjahr 1997 übernahm die HzL zusätzlich den Personennahverkehr auf der »Zollernbahn« zwischen Tübingen und Sigmarin-

BEMO (H0): Regio-Shuttle der HzL vor dem absolut stilechten Haltepunkt »Stuttgart-Rohr« von KIBRI.

gen von der DB AG. Um den Bedarf an Rollmaterial abdecken zu können, leaste die HzL 20 ADtranz-Regio-Shuttle. Die VT 200-220 im traditionellen rot/beigen HzL-Design sind darüber hinaus auch auf dem Stammnetz anzutreffen und erbringen weitere Kurse zwischen Sigmaringen und Aulendorf. BEMO hat den HzL-Regio-Shuttle RS 1 als ein rundum perfektes H0-Modell sowohl in Formgebung als auch in Hinsicht auf die Fahrzeugtechnik

und die Laufeigenschaften geschaffen. Das Modell verfügt über einen Metallgrundrahmen, einen zugkräftiger Fünfpolmotor mit Schwungmasse mit Antrieb auf ein Drehgestell, Stromabnahme über alle Radsätze, fahrtrichtungsabhängigen Lichtwechsel, Kurzkupplungskinematik mit Normschacht und eine Digitalschnittstelle nach NEM 652. Der Triebwagen ist für Zweileiter-Gleichstrom- und für Märklin-Wechselstrombetrieb lieferbar.

BEMO (H0): Seitenansicht des Modell vom Regio-Shuttle der Hohenzollerischen Landesbahn AG.

Burmester (H0): AEG/LHL-Triebwagen

Die zweiachsigen Normalspurtriebwagen, die AEG (Antrieb) und LHL (Waggonbauer) ab 1922 an verschiedene Privatbahnen in Europa und Übersee lieferten, stellen zusammen mit ihren schmalspurigen Pendants sehr frühe Vertreter der heute so weit verbreiteten Gattung Triebwagen dar. Obwohl die Technik noch in den Kinderschuhen steckte gelang es den Konstrukteuren, Fahrzeuge zu schaffen, die teilweise mehrere Jahrzehnte gute Dienste leisteten. Auch spätere Umbauten mit äußerlichen Veränderungen ließen ihr charakteristisches

Erscheinungsbild als AEG/LHL-Wagen immer noch unverwechselbar bleiben. Kurzbeschreibung: Bauart A1-bm; Benzol-/Dieselmotoren; pneumatisches Getriebe; Leistung 75-90 PS; V/max 45/60 km/h; LüP 12.800 mm; 50 Sitzplätze.
Das neue Burmester-Modell des AEG/LHL-Triebwagens »Schleswig« besteht komplett aus Messingätzteilen, die im Faltverfahren zu einem aufwendig gestalteten, aber leicht zu bauenden Gehäuse verbunden werden. Messinggußteile stellen die nicht anders herstellbaren Details dar, das

Modell macht einen äußerst filigranen Eindruck und gibt damit den Leichtbaucharakter des Vorbildes wieder. Das Dach besteht aus hochwertigem Kunststoffguß. Sämtliche Umbauversionen sind erhältlich und aus dem Bausatz herstellbar. Die Beschriftung ist in Anreibetechnik ausgeführt; der Kunde hat die Wahl zwischen allen Vorbildbeschriftungen der Originale: Schleswiger und Südstormarnsche Kreisbahn, Kreis Oldenburger Kleinbahn, Ruhr-Lippe Eisenbahn, Deutsche Reichsbahn, Bundesbahnen Österreich, Deutsche Bundesbahn.

Burmester (H0): AEG/LHL-Triebwagen für Kleinbahnen.

Der Antrieb erfolgt vorbildgetreu auf eine Achse, die zweite Achse ist als Pendelachse ausgeführt. Die Höchstgeschwindigkeit beträgt umgerechnet maßstäblich 45 km/h. Es wird auch eine Dreieiter-Wechselstromausführung angeboten. Dem Bausatz liegt eine ausführliche historische Dokumentation über die jeweiligen Bauzustände der Vorbildfahrzeuge bei.

Gabriel: Märklin-H0-Lokomotive in einer der perfekten Kleinvitrinen.

Kleinvitrinen von Gabriel

Anstatt sie in Originalverpackungen in Schränken schlummern zu lassen wollen viele Modellbahner wenigstens ihre Lieblingsmodelle sichtbar und staubgeschützt aufstellen. Die Firma Gabriel in 39114 Magdeburg erfüllt diesen Wunsch mit Kleinvitrinen in 194 mm und 300 mm Länge, die jeweils aus Grundplatte mit H0-Gleis, Klarsichthaube und zwei »Prellböcken« (die das Wegrollen leichtlaufender Modelle verhindern) bestehen. Die Klarsichthauben werden aus hochwertigem Acrylgranulat in einem Stück gefertigt. Die Sockel entstehen aus schlagzähem ABS-Kunststoff und sind maßlich auf die Haube abgestimmt. Eine umlaufende Dichtkkante sorgt für sicheren Staubschutz. Die lichte Höhe der Haube zum Sockel entspricht genau der mittleren Fahrdrahthöhe. Die Unterseite des Sockels paßt auch genau auf die Oberseite der Haube, womit ein sicheres Stapeln der Vitrinen ohne weiteres möglich ist. Das Verschlußsystem gewährleistet eine sichere Verbindung zwischen Haube und Sockel auch bei schwereren Modellen. Klipse, die seitlich verschoben werden, gewährleisten ein leichtes und sicheres Öffnen und Schließen der Vitrinen.

Außer den Vitrinen bietet die Firma Gabriel Wandhalter mit Bohrschablone, Zierkappen, Dübeln und Schrauben sowie Tischständer mit Ausfachung und Zierkappen an, die in Form reizvoller alter Metallgußteile geformt sind. Nach Prüfung eines Musters können wir diese Staubschutzkleinvitrinen wärmstens empfehlen.

WAC von Uhnlenbrock

Die Unzufriedenheit vieler Modellbahner mit den Laufeigenschaften industriell gefertigter Triebfahrzeuge ist ein leidiges Dauerthema. Die Tatsache, daß Firmen von Motor- und Getriebeumbauten zur Verbesserung der Laufeigenschaften leben können, deren Kosten teilweise sogar den Wert der Lokomotive überschreiten, spricht eigentlich Bände. Dabei sind derartige Umbauten in vielen Fällen nicht notwendig, da die Modellbahnindustrie einerseits einige Anstrengungen unternimmt, nicht nur die letzte Niete nachzubilden sondern auch die Laufeigenschaften mehr und mehr ins Auge zu fassen. Oftmals sind aber gar nicht einmal die Triebfahrzeuge Schuld am schlechten Laufverhalten, sondern der Einsatz von Uralt-Fahreglertrafos. In vielen Fällen hilft ganz einfach der Einsatz eines zusätzlichen, elektronischen Fahrreglers, der auch älteren Stücken in den Loksammlungen der Modellbahner zu annehmbarer Laufkultur verhelfen. Die Trafo-Oldies brauchen zudem nicht einmal weggeworfen werden, weil sie mit ihrem Wechselstromausgängen (»Lichtstrom«) die Kraftspender für neuen Fahrreglerkomfort sind.

Ein empfehlenswerter und im Grunde genommen höchst preiswerter elektronischer Fahrregler ist der WAC (Walk around control) der Firma Uhlenbrock in Bottrop (Telefon 02045-960012), der modernen Fahrkomfort, ausgereifte Technik und hervorragende Fahreigenschaften bietet. Das kleine, leichte Kunststoffgehäuse mit stark abgerundeten Kanten

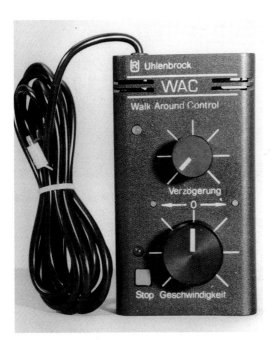

Uhlenbrock: *WAC für H0- und N-Gleichstrombahnen.*

und die großen Drehknöpfe ermöglichen eine optimale Bedienung.

Bei Mittelstellung des Regelknopfes »Geschwindigkeit« liegt an den Schienen keine Spannung an. Die Lok steht. Dreht man den Knopf aus der Mittelstellung, fährt der Zug in die gewählte Richtung. Zwei gelbe LEDs zeigen die Fahrtrichtung an. Ein grünes LED symbolisiert die am Gleis liegende Fahrspannung. Es glimmt auch, wenn sich der Regelknopf in Mittelstellung befindet und keine Lok auf dem Gleis steht. Durch die Arbeitsweise des WAC (Impulsbreitenmodulation) sind mit jeder Lok Fahrgeschwindigkeiten von wenigen Zentimetern in der Minute möglich. Dabei bleibt die Höchstgeschwindigkeit der Lok voll erhalten.

Der Langsamfahr-Rangierbereich ist sehr weit gedehnt, so daß man die Fahrgeschwindigkeit sehr fein einstellen kann, sogar bei extremen Langsamfahrten.

Mit dem Regelknopf »Verzögerung« kann stufenlos eine elektronische Massensimulation gewählt werden. In Nullstellung (linker Anschlag) läßt sich mit dem WAC wie gewohnt fahren. Wählt man eine andere Einstellung und dreht den Geschwindig-keitsregelknopf aus der Mittelstellung, so fährt die Lok entsprechend langsam an und beschleunigt dann selbsttätig bis zur eingestellten Geschwindigkeit. Auch bei abruptem Fahrtrichtungswechsel bremst die Lok langsam ab und beschleunigt nach kurzem Stillstand in die andere Richtung.

Eine eingebaute Lastausgleichsregelung sorgt für größere Zugkraft bei Bergauffahrten und in engen Kurven und für eine geringere Zugkraft bei Bergabfahrten. Es kommt so nicht mehr zu einem Halten mancher Lokomotiven bei Bergauffahrten. Das Losrasen der Züge bei Bergabfahrten ist reduziert. Die Lastausgleichsregelung für Berg- und Talfahrt funktioniert nur vollständig, wenn nur eine Lok auf dem Gleis steht. Sie sorgt jedoch auch dafür, daß sich bei Wechsel der Zuganzahl auf dem Gleis die Fahrgeschwindigkeit der Züge nicht verändert.

Die Taste »Stop« funktioniert wie eine Notbremse. Der fahrende Zug bleibt sofort stehen und die rote Kontrolleuchte signalisiert den Notstop. Wird der Geschwindigkeitenregelknopf auf Null gestellt, erlischt das LED nach kurzer Zeit und der Zug ist zur Weiterfahrt bereit. Auch bei einem langandauernden Kurzschluß, wie z.B. bei einer Entgleisung, wird der Nothalt ausgelöst. Je weiter der Knopf Verzögerung nach rechts gedreht ist, um so länger dauert es, bis das LED erlischt und der Zug zur Weiterfahrt bereit ist.

Der WAC wird mit einem 2 m langen Anschlußkabel mit 2,6 mm Bananenbuchsen/Stecker geliefert. Der braune und der gelbe Stecker werden am Wechselspannungsausgang eines Transformators angeschlossen, der rote und der schwarze Stecker werden an den Schienen angeschlossen (Rot in Fahrtrichtung rechts).

Sollte die Lok in die falsche Richtung fahren, ist der rote und den schwarze Anschluß zu vertauschen.

Für den normalen Fahrbetrieb reicht ein Transformator 14-16 V 1 A aus. Will man für den Betrieb von mehreren Zügen, z.B. in Blockstrecken, die volle Leistung des WAC von 2 A nutzen, muß ein Transformator 16-18 V und mindestens 2,5 A eingesetzt werden.

Man beachte, daß an jede Transformatorwicklung nur ein WAC angeschlossen werden darf, da es ansonsten zu Kurzschlüssen kommen kann.

Technische Daten

Fahrspannung: 0-14 V Gleichspannung
Max. Fahrstrom: 2 A
Eingangsspannung: 14-18 V Wechselspannung
Abmessungen: 125x70x45 mm
Anschlüsse: 2,6 mm Bananenstecker (Buchsen)
Gewicht: 230 g

Märklin (H0): Wagen-Set »Henkel«

Dieser Güterwagenset ist ein repräsentativer Querschnitt durch den aktuellen Güterwagenpark der Firma Henkel KGaA in Düsseldorf-Reisholz. Enthalten sind zwei Werksbahnwagen für den internen Fabrikverkehr, und zwar ein grauer Schiebewandwagen H 208 und ein offener, grauer Güterwagen H 172. Darüber hinaus gibt es zwei Privatwagen, die im Wagenpark der Deutschen Bahn AG laufen, nämlich ein Staubgutsilowagen 900-5-017-1 mit weißen Behältern und der Werbeaufschrift »Persil« und ein zweiachsiger, hellgrauer Kesselwagen 727-8-704-2. Vor allem die beiden erstgenannten Wagen haben den für die Henkel-Werksbahn typischen maschinengrauen Anstrich, während der Staubgutsilowagen durch sein Werbedekor farblich belebend ist. Drei Wagen haben eine Kupplungsaufnahme mit Kulissenführung, der Kesselwagen hat eine herkömmliche

Fleischmann H0 (4070): *Fleischmann hat ein Tenderlokmodell der DB-Dampflokbaureihe 70 in Nenngröße H0 herausgebracht. Diese leichte Tenderlok für den Personenverkehr war eine auffällige Erscheinung. Ihr schlanker Kessel, der große Abstand zwischen der Laufachse und den Treibrädern und das geräumige Führerhaus gaben ihr das typische Aussehen. Die Bayerische Staats-Eisenbahn stellte die ersten Loks der als Pt 2/3 bezeichneten Loks 1909 und die letzten von 125 Stück 1916 im Dienst. Von der Deutschen Reichsbahn wurden die Loks am 1.4.1020 als Baureihe 700 eingereiht. Krauss, München, war der Hersteller dieser 1B-h2t. Die Loks hatten sich sehr gut bewährt, und die DR ließ 1928 noch einmal acht Lokomotiven (BR 701) nachbauen. Für den Kleinbahn-Modellbahner ist die Lok nicht nur wegen ihres nostalgischen Lokalbahnaussehens von Interesse, vielmehr haben beispielsweise die Westfälischen Landeseisenbahn 1937 von der DR zwei 701er (WLE 21 + 22) gekauft. Weitere Loks gelangten zu Industriebetrieben, Lagern der Deutschen Wehrmacht und der US-Army sowie leihweise zu südwestdeutschen Privatbahnen. Die Fleischmann-Lok ist ein durch und durch prächtiges Modell mit sehr guten, flüsternden Laufeigenschaften. Viele filigrane Zurüstteile begeistern, zumal sie alle bereits werkseitig montiert sind.*

Märklin (H0): *Die vier Waggons des Henkel-Güterwagen-Sets.*

Beschriftung des Henkel-E-Wagens.

Kupplungsbefestigung. Alle Wagen sind mit Märklin-Kurzkupplungen ausgerüstet. Sicherlich werden Werksbahnanlagen auf Modellbahnanlagen nicht die Ausdehnung der Industriebahn in Düsseldorf-Reisholz besitzen, weswegen dieser Set vom Umfang her völlig ausreichend ist. Darüber hinaus bietet er die Möglichkeit zur Schaffung eines stilechten Anschlußmilieus.

Anschriften am Henkel-Kesselwagen.

Märklin (Ho): Wagen Set »Silowagen Uc der WLE«

Der Wagenset enthält vier baugleiche Zementsilowagen mit rot lackierten Silos und schwarzen Fahrwerken. Die Silos sind mit den weiß aufgedruckten Betriebsnummern 81-84, mit weißen WLE-

Logos und Firmenschildern »pebüso beton werke, Münster« dekoriert. Die Wagen haben Märklin-Kurzkupplungen in Kulissenführung. Es gibt dazu zwar keine WLE-Modellbahnlokomotive, aber

Märklin (H0): *Zwei von den vier Silowagen aus dem Westfälische Landeseisenbahn-Güterwagen-Set.*

natürlich kann man die Waggons auch hinter DB AG-Loks laufen lassen, die dann eben als Leihloks bei der Privatbahn tätig sind oder die Wagen zum Transport auf DB AG-Strecken übernommen haben.

Kleinbahnfreunde simulieren ohnehin zwangsweise jede nur denkbare und undenkbare Betriebssituation. Märklin hat jedenfalls einen wundervollen und farbenfrohen Güterwagenset geschaffen.

Auhagen: Ländliche Handelseinrichtung

Im Bausatz »Ländliche Handelseinrichtung« sind ein kleines ländliches Lagerhaus und ein Holzschuppen enthalten. Das Lagerhaus hat an beiden Seiten Lagerraumtore und Laderampen, einen Büroeingang an einer Stirnseite und Oberlichtdachaufsätze über dem Lagerraum. Der Holzschuppen ist ein nach allen Seiten offenes Gebäude, wie es

beispielsweise bei Installationsfirmen oder Holzhandlungen üblich ist. Das Dach ruht auf sechs aufwendig ausgeführten Tragsäulen aus miteinander verbundenen Holzbalken. Dieses Gebäude-Ensemble ist genau das. was wir an den Ladestraßen der Modell-Kleinbahn-Bahnhöfe benötigen.

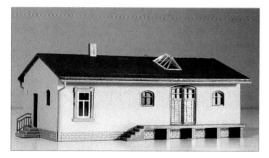

Auhagen: *Ländliches Lagerhaus.*

Auhagen: *Offener Holzschuppen.*

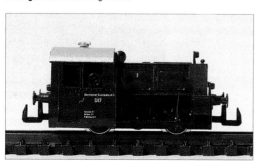

Arnold (N): *Der Hersteller besitzt mit seine Köf II einen ausgesprochenen Schatz, was sowohl die äußere Gestaltung als auch die exzellenten Laufeigenschaften betrifft. Da viele der Kleinlokomotiven schon seit Jahren zu Privat- und Werksbahnen gelangten war es naheliegend, daß Arnold dieses großes Variantenpotential ausnutzt. Zu den in letzter Zeit entsprechend abgewandelten Kleinlokomotiven gehört die neuen N-Modelle der D 17 der Bentheimer Eisenbahn (links) und die Werkslok der PFA.*

Faller (H0): *Das ist ein Lagerhaus, wie es zu Hunderten an den Ladestraßen zu finden ist. Das nur 140x75 mm große Gebäude paßt überall hin. Es hat einen aus dem Dach ragenden Verladekran mit beweglicher Laufkatze.*

KIBRI (H0): *Kohlenlager mit Abfüllanlage, Bagger, Fuhrwerkswaage und Lastkraftwagen. Dieser Zubehörbausatz ist zur Ausschmückung eines Güterbahnhofs sehr nützlich.*

Faller (H0): *Der nur 182x80 mm große Bahnhof Breitenbach ist geradezu wie geschaffen als Kleinbahn-Zwischenstation.*

Vollmer (H0): *Für ein Kleinbahn-Bw geeigneter Lokschuppen.*

Vollmer (H0): *Der imponierende Ziegelsteinviadukt kann durch Ergänzungsbögen verlängert werden.*

Faller (H0): *Das Rathaus Steinheim hat eine überdachte Außentreppe und eine Durchgangspassage im Erdgeschoß. Dieser Mittelpunkt einer Altstadt ist 210x110 mm groß.*

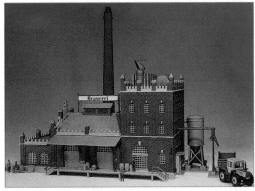

KIBRI (H0): *Die 330x200 m große Brauerei aus der Gründerzeit besteht aus dem Sudhaus, dem Versandlager und der Flaschenabfüllerei. Wegen der relativ kleinen Grundfläche ist es das ideale Industriebauwerk auch für kleinere Anlagen.*

KIBRI (H0): *Torturm und drei historische Häuser in einem Bausatz ergeben ein mittelalterliches Stadtensemble.*

Literaturhinweise

Deutsche Lokarchiv Band 6:
Regelspurige Privatbahnlokomotiven der DR
Von Manfred Weisbrod und Hans Wiegard. 324 S.
200x220 mm, 284 Abbildungen, DM 69,00. Transpress,
Stuttgart.
Im Jahr 1949 wurden sämtliche Privatbahnen auf dem
Gebiet der ehemaligen DDR verstaatlicht. Neben den
Strecken und Liegenschaften übernahm die Deutsche
Reichsbahn auch über 400 Dampflokomotiven verschie-
denster Gattungen. Kleine Zweikuppler waren ebenso
darunter wie die schweren Gebirgslokomotiven der
»Tierklasse«, Einheitslokomotiven ebenso wie zahlreiche
Loks aus dem ELNA-Programm. Mit dem Umzeichnungs-
plan vom 12. Dezember 1949 erhielten die Lokomotiven
reichsbahngerechte Betriebsnummern, bestehend aus
der Baureihennummer und einer 6000er Ordnungsnum-
mer. Dieser Band der Reihe »Deutsches Lok-Archiv« stellt
alle normalspurigen »6000er« vor und bietet damit einen
lückenlosen Überblick über eines der interessantesten
Kapitel deutscher Lokomotivgeschichte. Für Kleinbahnfreunde, die sich mit den ehemaligen Kleinbahnen in
Ost- und Mitteldeutschland befassen, ist das Buch eine
unentbehrliche Informationsquelle.

Die Diesellokomotiven der Wehrmacht
Die Geschichte der Baureihen V 20, V 36 und V 188
Von Stefan Lauscher. 592 S. 208x300 mm, 514 SW-
Abbildungen, viele Skizzen und Faksimiles, DM 89,00. EK-
Verlag, Freiburg.
Sie war das Mädchen für alles, die Universallok bei
Bundesbahn und Reichsbahn, Retter von Nebenbahnen
und Kleinbahnen und der Urtyp der modernen Werkslok
auf den Anschlußbahnen der Industrie. In Deutschland
gelten die V 20 und V 36 als die ersten in Serie gebaute
Dieselloks größerer Leistung. International wurden sie
zum Wegbereiter der Dieselhydraulik in aller Welt. Das
Buch zeichnet die faszinierende Geschichte der V 20-
und V 36-Lokfamilie mit all ihren bislang kaum bekannten Facetten nach, von den Anfängen als vielseitig ver-
wendbares Rangiergerät der Wehrmacht, über die »gol-
denen« fünfziger Jahre im Vorortverkehr der DB und den
Einsatz bei Privatbahnen bis hin zu den heutigen Fahrten
auf zahlreichen Museumsbahnen. Autor Stefan Lauscher
hat in fast zwanzigjähriger Arbeit die Entwicklung dieser
Kriegsdiesellok eingehend erforscht, Lieferungen und
Einsätze rekonstruiert und die V 20- und V 36-Loks in
zweiundzwanzig Ländern der Erde (bis hin zu den
Weihnachtsinseln!) aufgespürt. Die Konstruktion der
Loks wird ebenso beschrieben wie ihr Einsatz. Ein
Anhang beschäftigt sich eingehend mit den zahlreichen
Industrieloktypen des Militärs und damit quasi ein
Katalog der Vorkriegsdiesellokbauarten in Deutschland.
Es ist einfach unmöglich, den ganzen Inhalt dieses gewal-
tigen Werkes hier in einem kurzen Literaturhinweis zu
würdigen. Es gehört absolut zwingend in die Bibliothek
aller Kleinbahnfreunde. Darüber hinaus ist es ohne Frage
eines der besten Loktypenbücher, die jemals erschienen
sind. Ein echtes Meisterwerk!

Die Talbahn im Freien Grund
Von Gerhard Schäfer. 128 S. 160x230 mm, 100 SW- und 3
Farbabbildungen, zahlreiche Skizzen, Bahnhofsgleis-
pläne und Faksimiles, DM 29,80. EK-Verlag, Freiburg.
Die Geschichte der Freien Grunder Eisenbahn (FGE) ist
eng mit dem Erzbergbau des Freien Grundes verbunden.
Um das in den dortigen Gruben geförderte Erz abtrans-
portieren zu können, wurde eine normalspurige
Eisenbahnstrecke durch das Heller- und Wildetal gebaut.
Der Autor stellt diese relativ kurze Strecke anhand zahl-
reicher historischer Dokumente vor. Ausführlich be-
schreibt er nicht nur die Entstehung der Bahn, die Bahnhöfe und die eingesetzten Fahrzeuge, sondern auch die
an der Strecke gelegenen Anschlüsse. Da die FGE heute
Teil der Siegener Kreisbahn ist, teilt sie nicht das Schicksal
so vieler anderer Privatbahnen, die durch die Verlagerung des Güterverkehrs auf die Straße dem Lkw zum
Opfer fielen.
Mit diesem Buch wurde wieder eine Lücke in der
Kleinbahn-Geschichtsschreibung geschlossen.

Die Kleinbahn Mülheim am Rhein - Leverkusen
Von Dietmar Stresow. 72 S. 215x210 mm, zahlreiche Farb-
und SW-Fotos. Verlag Kenning, Nordhorn.
Für das aufstrebende Chemieunternehmen am rechten
Rheinufer in Wiesdorf (Leverkusen gab seinerzeit noch
nicht) stand gegen Ende des 19. Jahrhunderts lediglich
der Rhein als Transportweg zur Verfügung. Zu den
nächstgelegenen Bahnhöfen in Küppersteg und Schle-
busch konnte man nur mittels Pferdefuhrwerk über
unbefestigte Wege gelangen. Daher war schon frühzeitig
die Errichtung eines Gleisanschlusses zwischen dem
Bayerwerk und der Staatsbahn geplant. Vor einhundert
Jahren wurde der Betrieb auf der Kleinbahn Mülheim am
Rhein-Leverkusen eröffnet. Im Januar 1898 wurde der
Güterverkehr aufgenommen, im Sommer 1898 folgte der
Personenverkehr. Erst 1957 erhielt die Bahn ihren heutigen Namen: Eisenbahn Köln-Mülheim - Leverkusen
(EKML). Aufsehenerregend war im Jahr 1962 die
Inbetriebnahme der MAN-Schienenbusse und ihrer
Steuerwagen mit Kunststoffaufbauten. Der Personenver-
kehr der EKML erlebte noch sein 75-jähriges Bestehen,
doch wenig später war er im Jahr 1972 eingestellt. Der
rege Güterverkehr, für den leistungsfähige Diesello-
motiven zur Verfügung stehen, bleibt jedoch erhalten.
Die fabrikinterne meterspurige Werksbahn ist allerdings
seit 1970 nicht mehr vorhanden. Der Verfasser bringt mit
diesem Buch eine eigentlich weniger beachtete
Privatbahn dem Kleinbahnfreund näher, wobei er sich
besonders umfangreich auch dem Fahrzeugpark
beschäftigt hat. Der Verlag hat das Buch wie gewohnt
sorgfältig ausgestattet.

Die Marburger Kreisbahn
Von Dr. Egbert Nolte. 72 S. 220x210 mm, ca. 141
Abbildungen, DM 29,80. Verlag Kenning, 48527 Nordhorn.
Durch den südöstlichen Teil des Landkreises Marburg an
der Lahn verlief über 66 Jahre hinweg eine normalspuri-
ge Privatbahn. Die 16,5 km lange »Kraisboah« führte vom

Bahnhof Marburg Süd der Main-Weser-Bahn zur Ortschaft Dreihausen im Ebsdorfer Grund. Betrieben wurde die Bahn vom Landkreis Marburg, dem sie zu zwei Dritteln gehörte. Das andere Drittel besaß der Staat Preußen, später das Land Hessen. Neben dem Schüler- und Berufsverkehr war der Gütertransport recht einträg- lich. Landwirtschaftliche Produkte und vor allem Basaltschotter aus den Dreihäuser Steinbrüchen ergaben eine beachtliche Tonnage. Bis zu 2.500 t täglich (im Jahr 1970 immerhin noch 130.000 t) wurden in teils selbstge- bauten Schotterwagen transportiert. Der Schienenper- sonenverkehr wurde am 30. November 1956 eingestellt. Der durch die Basalttransporte gewinnbringende Güter- verkehr hielt sich dagegen noch bis Ende 1972, dann brachte der schlechte Zustand der Gleisanlagen das Ende. Es gibt Bahnen die aus unbekannten Gründen nicht so beachtet werden wie andere. Der Autor hat sich dan- kenswerterweise der doch weithin unbekannten Marburger Kreisbahn angenommen, hat ihre Geschichte und ihren Betrieb aufgezeichnet. Besonders bemerkens- wert sind die zahlreichen, teilweise historischen, Fotos, die dieses gelungene Buch von einer der »stillen« Bahnen im Lande bietet.

Der Mommelsteinblitz
Die Nebenbahn SchmalkaldenKleinschmalkalden und die Kreisbahn Kleinschmalkalden-Brotterode

Von Markus Schmid und Dr. Georg Thielmann. 120 S. 160x230 mm, 110 SW-Abbildungen. DM 29,80. EK-Verlag, Freiburg.

Das Buch schildert die Entwicklung zweier zwischen 1892 und 1898 eröffneter Südthüringer Strecken, einer Nebenbahn der KED Erfurt und einer Kreisbahn, die betrieblich aber immer eine Einheit bildeten. Während die Staatsbahnstrecke eine gleichmäßige und wenig spektakuläre Entwicklung erlebte, war die Kreisbahn immer wieder in ihrer Existenz bedroht. Zwischenzeitlich auf einem Teilstück demontiert, bis 1988 wieder aufge- baut und seit dem 15. November 1996 ohne planmäßigen Verkehr weist die vom Volksmund als »Mommel- steinblitz« bezeichnete Strecke eine äußerst interessante und bis in die jüngste Zeit spannende Geschichte in einer märchenhaft schönen Landschaft auf. Eine außer- gewöhnliche Fülle an historisch wertvollen Fotos und Dokumenten rundet dieses detaillierte Streckenporträt ab, wie es für eine solche lokale Strecke bisher nur selten möglich war. Hinzu kommt für den westdeutschen Leser die Faszination von Bahnen zu erfahren, die für ihn uner- reichbar waren.

Die Oberweißbacher Bergbahn

Von Michael Kurth. 152 S. 160x230 mm, 22 Farb- und 126 SW-Abbildungen, DM 29,80, EK-Verlag, Freiburg.

Das Buch schildert die wechselvolle Geschichte der Oberweißbacher Bergbahn. Als Touristenattraktion ist sie weit über die Grenzen Thüringens bekannt. Die Bergbahn erklimmt auf 250 Promille Steigung von der Station Obstfelderschmiede im Schwarzatal die Höhen des thüringischen Schiefergebirges zur Bergstation Lichtenhain (an der Bergbahn) und kann normalspurige Wagen befördern. Von dort führt die anschließende normalspurige Strecke in das 2,54 km entfernte Cursdorf, die mit elektrischen Triebwagen betrieben wird. Der Verfasser hat die wechselvolle Geschichte vom Bahnbau in den Jahren 1919 bis 1923 bis zur Gegenwart, die Schwierigkeiten beim Bau und Unterhaltung der Strecke, die Technik der Bergbahn bis hin zu den eingesetzten Fahrzeugen aufgeschrieben. Zahlreiche neue Quellen

und ein umfassender Bildteil mit vielen historischen Aufnahmen runden das gelungene Buch ab. Die ehemali- ge Privatbahn ist einmalig in Deutschland und hat ein solch würdiges literarisches Denkmal verdient.

Regionaltriebwagen

Von Daniel Riechers. 192 S. 235x270 mm, 31 Farb- und 154 SW-Abbildungen, DM 69,00. Transpress, Stuttgart.

Jahrzehntelang führte der Regionalverkehr auf der Schiene in Deutschland ein Schattendasein. Durch die Bahnreform jedoch bekam der Schienenverkehr abseits der Fernverbindungen neuen Schwung. Mit nagelneuen Fahrzeugen und attraktiven Fahrplänen bieten die Regionalbahnen endlich zeitgemäßen Komfort. Dieses Buch stellt erstmals umfassend die neue Fahrzeuggene- ration in Wort und Bild vor, wobei die Abbildungen auch Bauphasen und Bauteile der einzelnen Fahrzeuge zeigen. Darüber hinaus dokumentiert das Buch auch jene Pro- jekte, die bislang nicht verwirklicht wurden. Behandelt werden folgende Hersteller und ihre Fahrzeugtypen:
ADtranz (Regio-Shuttle RS-1, »Itino«, Stadtbahnwagen Karlsruhe)
Alstom/LHB (LINT, BR 641)
Bombardier/BWS (Stadtbahnwagen »Saar«)
Bombardier/Talbot (»Talent«)
Integral (Integral S5 D95)
Siemens/DUEWAG (RegioSprinter, BR 642)
Stadler (GTW 2/6)
Abgerundet wird die Darstellung mit separat beigelegten Maßzeichnungen aller Fahrzeuge sowie einer ausführli- chen Vergleichstabelle. Hand aufs Herz, welcher Kleinbahnfreund kann noch Regio-Shuttle, Talent, RegioSprinter und andere aus dem Kopf auseinanderhal- ten? Dieses großartige Buch ist die Informationsquelle für das Moderne auf den Kleinbahngleisen in diesen Tagen schlechthin.

Die Wismut-Bahn um Ronneburg

Von Hans-Jürgen Barteld. 84 S. 220x210 mm, zahlreiche Farb- und SW-Abbildungen. Verlag Kenning, Nordhorn.

Wismut, das war der Uranerzbergbau zu Zeiten des Kalten Krieges in Sachsen und Thüringen. Hier brachte er vorerst vielen Menschen Lohn und Brot, doch längst zah- len alle dafür einen hohen Preis. Gravierend sind die mit Abbau und Verarbeitung des Erzes verbundenen Einschnitte im Ostthüringer Raum um Ronneburg und Seelingstädt. Mit dem ungehemmten Trachten der sowjetischen Besatzungsmacht nach dem »Strahlenden« verschwanden ganze Dörfer: Lichtenberg, Schmirchau, Sorge-Settendorf. An deren Stelle türmen sich heute weit- hin sichtbare Abraumhalden. Hochbelastete Schlamm- seen und ein gewaltiger Tagebaukrater am Stadtrand von Ronneburg harren der milliardenteuren Sanierung als weitere problembeladene Hinterlassenschaft der »alten« Wismut. Sie war Staat im Staate und ihr Wirken galt in der Öffentlichkeit als ein ständiges Tabu. Die spärlichen Be- richte waren vorwiegend propagandistischen Charakters, und Bilddokumente blieben rar, weil in der Regel striktes Fotografierverbot herrschte, mit Ausnahme von zu be- trieblichen Zwecken angeordneten Aufnahmen. Strengen Regeln unterlag auch der Umgang mit jeglichem Schrift- gut bis hin zu Wiegeprotokollen und für die Reichsbahn ausgefertigten Wagenzetteln, die Rückschlüsse auf die Förderung des Uranerzes ermöglicht hätten. Derartiger militärischer Geheimhaltung folgte mit dem gesellschaft- lichen Umbruch im Ostblock die ungewohnte Offenheit der »neuen« Wismut. Dazu gehört eine vollständige Chronik des Uranerzbergbau-Unternehmens. Die

Entwicklung des betrieblichen Schienenverkehrs hat Werner Schierz, der langjährige Leiter der Anschlußbahn im Ronneburger Revier, in mühseliger Recherche nachvollzogen. Seine Arbeit ist Grundlage dieser Dokumentation. Herrn Schierz gilt der Dank ebenso wie der bundeseigenen Wismut GmbH, die eine solche Nutzung der Chronik sowie weiterer Archivalien unkompliziert gestattete.

Die schweren WUMAG-Triebwagen

Von Dieter-Theodor Bohlmann. 84 S. 220x210 mm, zahlreiche SW-Fotos, Typenskizzen und technische Zeichnungen, DM 29,80. Verlag Kenning, 48527 Nordhorn.

1926 stellte die Waggon- und Maschinenbau-Aktiengesellschaft Görlitz (WUMAG) sechs schwere Drehgestelltriebwagen her, die in den Versuchsbetrieb der Deutschen Reichsbahn-Gesellschaft eingestellt wurden, um einen rationellen Personenverkehr auf Nebenbahnen aufzuziehen. Obwohl die Fahrzeuge in Leistung, Bauweise und Ausstattung schon nach wenigen Jahren den geschweißten Einheitstriebwagen technisch unterlegen waren, blieben sie im Dienst, weil die Umstände der Kriegs- und Nachkriegszeit eine Ausmusterung nicht zuließen. Die anschließende Modernisierung bei deutschen Kleinbahnen bewirkte, daß der Harsefelder VT 175, das letzte Exemplar dieser legendären Baureihe, betriebsfähig erhalten blieb. Das bereits schon 1985 im Verlag Ingrid Zeunert erschienene Werk wurde nach Überarbeitung und Aktualisierung durch den Verfasser vom Verlag Kenning erneut herausgebracht, da durch die Sonderfahrten des VT 175, die ihn sogar über die Grenzen nach Polen und Rußland gelangen ließen, ein entsprechendes literarisches Interesse am Thema bestanden hat. Die Perfektion des Autors ist bekannt, und verlagsüblich wurde das Buch wohlfeil gestaltet.

Die Baureihe 70

Von Andreas Knipping. 301 S. 207x295 mm, ca. 400 Fotos, 50 Zeichnungen und 40 Faksimiles, DM 89,00. EK-Verlag, Freiburg.

Vor neunzig Jahren wollte die Königlich Bayerische Staatsbahn »leichte Züge« einführen, die auf Hauptbahnen den Fahrplan verdichten sollten. Zugführer und Schaffner wollte man einsparen. Krauss sollte eine schnelle und sparsame Lokomotive bauen, die dem Heizer den Durchgang zum Wagenzug ermöglichte. Es entstand eine der erfolgreichsten bayerischen Lokomotiven, die Pt 2/3. Als sie den Hauptbahndienst später an Einheitsloks und Triebwagen abgeben mußte, wurde die nunmehrige 700 auf Lokalbahnen umgesetzt und dort erst nach Jahrzehnten vom Schienenbus abgelöst. Baden baute die Pt 2/3 als 1 g nach, und selbst die Reichsbahn beschaffte noch eine aufwendig überarbeitete Serie und reihte sie als 701 ein. Das Buch stellt sämtliche Varianten sowie einige heute vergessene Vorläufertypen eingehend vor. Besonders in den sorgfältig kommentierten zahlreichen Fotos und in Schilderungen von Zeitzeugen wird die Erinnerung an die Eisenbahnidylle von einst lebendig. Insgesamt ist das ein ganz großartiges Buch, das auch Kleinbahnfreunde interessieren wird, weil zwei 70er an die WLE verkauft, bei mehreren DEBG-Bahnen Loks als Leihloks liefen und zahlreiche Loks zu Militär- und Werksbahnen gelangten.

Die Eisenbahn in Betzdorf
und das Bahnbetriebswerk Betzdorf

Von Bernd Krauskopf. 256 S. 208x300 mm, 375 SW-Abbildungen, viele Faksimiles, DM 78,00. EK-Verlag, Freiburg.

Dieses Buch schildert den Bau und den Betrieb der Deutz-Gießener Eisenbahn und der Zweigbahn nach Siegen, wo Anschluß an die Ruhr-Sieg-Strecke erfolgte. In bisher noch nie aufgezeiger Form werden die alten damals eingerichteten Bahnhofsanlagen mit ihren Empfangsgebäuden dargestellt. Sämtliche Bahnhofspläne von Deutzerfeld über Betzdorf bis Siegen und von Betzdorf bis nach Haiger dokumentieren die Geschichte dieser Strecke und ihrer Bahnhöfe. Das Bahnbetriebswerk Betzdorf ist der Schwerpunkt dieses Buches, wobei auch die Lokbahnhöfe nicht vergessen werden. Die Autoren dokumentieren durch mehr als 250 Bilder aus der Zeit von 1862 bis 1980, welche Lokbauarten bzw. Lokgattungen hier beheimatet waren. Nicht vergessen wird auch der Einsatz der Schienenomnibusse sowie der Einsatz des Schienen-Straße-Omnibusses. Weiterhin zeigen die Bilder die Einsätze der Dieselloks V 60, V 100 und V 160 sowie die Verdieselung der Siegtalstrecke. Außerdem wird die Elektrifizierung von Troisdorf über Betzdorf nach Siegen dargestellt. Von Haus aus ist das kein Kleinbahnbuch, aber durch die Ausweitung des Verkehrs der Westerwaldbahn in dieser Region dürfte der geschichtliche Rückblick in diesem großartig gestalteten Buch von Interesse sein.

Die Eisenbahn im Gaswerk Stuttgart

Von Harald Zeh. 128 S. 165x230 mm, 20 Farb- und 100 SW-Fotos, DM 29,80. Transpress, Stuttgart.

Zur Versorgung des Stuttgarter Gaswerks mit Kohle entstand 1905 eine Werksanschlußbahn vom Güterbahnhof Untertürkheim über den Neckar nach Stuttgart-Gaisburg. Zunächst von der Königlich Württembergischen Staatseisenbahn betrieben übernahm das Gaswerk nach einigen Jahren die Bahn in eigene Regie und betrieb schließlich ein über fünfzehn Kilometer langes Netz. Ihre Blütezeit erlebte die Bahn in den Jahren vor und nach dem Zweiten Weltkrieg. Sie besaß in ihren besten Jahren drei Dampflokomotiven und über vierzig Wagen. Bei Eisenbahnfreunden galt sie lange Zeit als »Geheimtip«, denn hier waren die letzten württembergischen Länderbahnlokomotiven der Klasse T 3 bis in die siebziger Jahre im täglichen Einsatz zu erleben. Mit dem Ende der Gasherstellung verlor die Bahn schließlich ihre Transportaufgaben und fiel in einen Dornröschenschlaf, aus dem sie bis heute nicht erwacht ist. Nur ein Zweiwegefahrzeug und zugewachsene Gleise erinnern noch an die einstige Bedeutung dieser typischen Industriebahn. Das interessante Buch erfreut den Werkbahnfreund sehr.

150 Jahre Waggonbau in Görlitz 1849-1999

Von Wolfgang Theurich. 328 S. 210x300 mm, 393 SW-Abbildungen, viele Faksimiles, DM 68,00. EK-Verlag Stuttgart.

Im Oktober 1999 feierte das heutige DWA-Werk Görlitz der Bombardier Transportation das einhundertundfünfzigjährige Bestehen des Baus von Schienenfahrzeugen. Klangvolle und bekannte Namen, wie die spätere Waggonfabrik Görlitz AG, die WUMAG, verbinden die Kenner der deutschen Schienenfahrzeugindustrie mit einer unglaublichen Vielfalt von Wagenkonstruktionen für Privat- und Staatsbahnen, die mit dem Bau der »Fliegenden Züge« in den dreißiger Jahren einen vorläufigen Höhepunkt erreichte. Nach dem Zweiten Weltkrieg zunächst als Sowjetische Aktiengesellschaft firmierend entstand daraus der weithin bekannte VEB Waggonbau Görlitz, der mit Reisezugwagen aller Gattungen und den eleganten Schnelltriebzügen der Bauart Görlitz international einen hervorragenden Ruf genoß. Das aufwendig gestaltete und reich illustrierte Buch enthält die packende Werkschronik. Fast vierhundert einmalige Bilder, darunter zahlreiche erstklassige Werksaufnahmen aus allen Epochen, geben eine lebendige Vorstellungen vom Werden und Wachsen des Waggonbaus und den von ihm gefertigten Schienen- und Straßenfahrzeugen. Zahlreiche Triebwagen und Waggons wurden für Klein- und Schmalspurbahnen gefertigt. Die hervorragenden handwerklichen Fähigkeiten der Belegschaft des Werkes spiegeln sich in den zahlreichen Salonwagen wieder, die für die reichen und Mächtigen einer längst vergangenen Epoche gebaut wurden. Ein prachtvolles Buch!

Einheitslok für den Rangierdienst
Die Geschichte der BR 80, 81, 87 und 89°

Von Jürgen-Ulrich Ebel und Peter Bauchwitz. 256 S. 210x300 mm, 22 Farb- und 274 SW-Abbildungen, viele Faksimiles, DM 79,00. EK-Verlag, Freiburg.

Wenig bekannt ist, daß die Entwicklung aller deutschen Einheitsdampfloks ihren Ausgangspunkt in den Planungen einer Ersatzlok für die preußische T 3 hatte. Die Baureihe 80 wurde zur Muttertype aller Einheitstenderloks. Doch betriebliche Wirksamkeit erreichten die 75 überhaupt gebauten Einheitsrangierloks nicht. Als Vorbilder für die Modellbahnindustrie waren die Baureihen 80, 81 und 89° hingegen unschlagbar. Sie vereinten einfachen Aufbau, geringe Größe und Preiswürdigkeit, was für die Modelltechnik der 40er und 50er Jahre ein entscheidender Vorteil gewesen sein mag. Heute liefern Märklin und ROCO fein ausgeführte Modelle der BR 80 mit eingebautem Digitaldekoder und Fleischmann ein Modell der BR 89° ebenfalls für seine digitale Mehrzugsteuerung. Die großen Vorbilder schaukelten und schlingerten beängstigend, hörten böse Schimpfworte wie Tretroller, Unterlegkeile oder Schaukelpferde, waren für den Streckendienst denkbar ungeeignet, bewährten sich aber im Rangierdienst ausnehmend gut. Auch wenn es um unspektakuläre Maschinen geht, Gedanke und Realisierung der Einheitslokomotiven sind hier besonders gut nachzuvollziehen, viel mehr als bei Maschinentypen wie der Baureihe 01. Die Baureihe 89° mit ihrer neuartigen Fertigungstechnologie gehört nur bedingt in die Reihe der »Baukastenlokomotiven«, weist eher bereits in Richtung neuartiger Dampfloks, die es später, allerdings mit einer Verzögerung von zehn Jahren, geben sollte. Diese Buch schließt eine Lücke in der Geschichtsschreibung der Einheitslokomotiven. Neben der Technik werden Einsatz und Verbleib fast aller Loks geklärt und beschrieben. Die Einsätze als Werkloks in DR-RAWs oder Zechenbahnen fehlen dabei nicht. Verblüffend viele und gute Bilder illustrieren die Einsätze der »Bullis«. Den Kleinbahnfreund werden ganz besonders auch die Seiten 193 bis 221 interessieren, auf denen der Einsatz der BR 80 bei der Ilseder Schlackenverwertung, beim Klöckner Konzern, bei der Georgsmarienhütten-Eisenbahn und bei der Ruhrkohle AG beschrieben wird. Das ist ein weiteres hervorragendes Lokporträt des EK-Verlages.

Märklin Magazin
Ablagenbau-Ratgeber C-Gleis spezial

Von Markus T. Nickl. 146 S. 210x300 mm, reichhaltig mehrfarbig illustriert, DM 14,80. Modellbahnen-Welt Verlags GmbH., Göppingen.

Es gab jahrzehntelang (und auch heute noch) das berühmte Modellgleis von Märklin, daß ein geprägtes und fein lithografiertes Schotterbett besaß. Es wurde viel belächelt und beschimpft, aber es war bei den Märklinisten höchst beliebt und in unwahrscheinlicher Stückzahl verkauft worden. Daß die Idee eines Gleises gleich mit »angebautem« Schotterbett wohl gar nicht so dumm war beweist letztlich die Nachahmung durch einen deutschen und zwei österreichische Mitbewerber. Nun war das »Blechgleis« wirklich in die Tage gekommen, sodaß sich Märklin zur völligen Neukonstruktion und Auslieferung eines H0-Gleises mit Mittelleiter und Schotterbett entschloß, wobei Letzteres zeitgemäß aus Kunststoff besteht. Die Gleisstücke der neuen C-Gleises werden mit einer raffinierten Klips-Knack-Verbindung verbunden, die mechanisch als auch elektrisch perfekt funktioniert. Unter den Weichen können die Antriebe und die Dekoder für die digitale Magnetartikelsteuerung »versteckt« werden. Das C-Gleis ist mittlerweile so ausgebaut worden, daß es keine Wünsche offen läßt. Die Schrift stellt das C-Gleis perfekt vor, leitet über zu Anlagenvorschlägen und bietet viele Anleitungen für den Anlagenbau. Das ist eine erstklassige Publikation über das wirklich gelungene neue Märklin C-Gleis.

Planen und Bauen von Modellbahnanlage

Von Georg Kerber und Andreas Stirl. 128 S. 170x235 mm, 27 Farb- und 124 SW-Abbildungen, DM 29,80. Transpress, Stuttgart.

Durch alle Zeiten ist das Hobby Modelleisenbahn geblieben, welches unangefochten den ersten Platz bei den sinnvollen Freizeitbeschäftigungen behalten hat. Dieser erste Band der Reihe »Die Modellbahnwerkstatt« will bei der Planung und Gestaltung einer Modellbahnanlage helfen. Er gibt Tips für das Entwerfen und Bauen einer Anlage von der Wahl der geeigneten Nenngröße bis zur zweckmäßigsten Anlagenbauweise. Alles wird übersichtlich und informativ Schritt für Schritt geschildert.

Gleisbau auf Modellanlagen

Von Georg Kerber und Andreas Stirl. 136 S. 170x235 mm, 30 Farb- und 136 SW-Abbildungen, DM 29,80. Transpress, Stuttgart.

Gleisbau ist der wichtigste Abschnitt bei der Gestaltung einer Modellbahnanlage. Von der Qualität der verlegten Gleise hängen in großem Maße die Funktionstüchtigkeit der Fahrzeuge und deren vorbildgetreues Fahrverhalten auf der Anlage ab. Genau wie beim großen Vorbild gilt es die optimale Linienführung der Gleise zu finden, starke Steigungen zu vermeiden und Ober- und Unterbau konstruktiv und gestalterisch einwandfrei darzustellen. Die Hilfestellung der Autoren zu diesen Komplexen des Gleisbaus in diesem Buch wird ergänzt durch Hinweise bei der möglichst vorbildgetreuen Verlegung und Gestaltung industrieller Modellgleise.

Weichen & Kreuzungen

Von Georg Kerber und Andreas Stirl. 132 S. 170x235 mm, 23 Farb- und 95 SW-Abbildungen, DM 29,80. Transpress, Stuttgart.

Wie beim großen Vorbild sind Weichen und Kreuzungen auch im Modell die neuralgischen Punkte des Gleissystems. Der sichere Fahrbetrieb hängt entscheidend von der sorgfältigen Konstruktion und Verlegung dieser Gleisverknüpfungen ab. In vier Hauptkapiteln präsentiert der vorliegende Band alles Wissenswerte über diesen wichtigen Teil des Gleissystems im Vorbild und im Modell: Grundlagen (Begriffe, Weichenarten, Bezeichnungen), Weichengeometrie (Neigungen, Spurführungsmaße, einfache Weichen, Bogenweichen etc.), Weichenkonstruktion (Zungenvorrichtungen, Herzstücke, Stellmechanismus, Sonderkonstruktionen) sowie Weichen auf Modellbahnanlagen (handelsübliche Weichen,

Bausätze, Umbauten, Selbstbauten). Ein Adressenverzeichnis sowie die einschlägigen NEM-Normen vervollständigen dieses reich illustrierte Werkstattbuch.

Signale und Fahrleitungen
Von Georg Kerber und Andreas Stirl. 128 S. 170x230 mm, 30 Farb- und 120 SW-Abbildungen, DM 29,80. Transpress, Stuttgart.
Eine Modellbahn, zumal wenn sie modernen Vorbildern nachempfunden wird, kommt nicht ohne Fahrleitungen und Signale aus. Doch wie beim großen Vorbild ist der Bau einer Oberleitung oder das Aufstellen von Signalen eine Wissenschaft für sich. Im vorliegenden Band erfährt der Modellbahner alles Wissenswerte über den vorbildgerechten Nachbau von Fahrleitung und Signalen. In sieben Hauptkapiteln stellen die Autoren die Vorbildsituation und deren Umsetzung ins Modell in Wort und Bild vor: Grundlagen der Signaltechnik, Signale und ihre Bedeutung, Signale auf Modellbahnanlagen, Schaltung von Signalen auf Modellbahnanlagen, Grundlagen des elektrischen Fahrbetriebs, Konstruktionen des elektrischen Fahrbetriebs und Fahrleitungen auf Modellbahnanlagen. Ein Firmenverzeichnis, ein Sachwortregister und eine Übersicht der wichtigsten Zeichensymbole für Signale runden das Buch ab.

Schienenbus-Finale im Ammertal
RailMedia-Hör-CD von Rolf Stumpf. Laufzeit ca. 45 Minuten. DM 19,80. EK-Verlag, Freiburg.
Die Strecke Tübingen-Entringen war eine der letzten Strecken bei der Deutschen Bahn, auf der Schienenbusse der Bauart 796 im Einsatz waren. Rolf Stumpf hat zum letzten Mal das unverwechselbare Motorengeräusch dieser Triebwagen aufgenommen. Dazu war er im Frühjahr 1999 noch einmal an dieser Strecke und hat die letzten Einsätze mit dem Mikrofon erlauscht. Im Jahre 1950 fuhr der erste Uerdinger Schienenbus, im 49. Jahr danach fuhren nur noch die letzten dieser Art bei der Deutschen Bahn AG. In Tübingen waren Schienenbusse seit 1954 beheimatet. Die Ammertalbahn zwischen Tübingen und Entringen, der hier nebenbei auch ein akustisches Denkmal gesetzt wird (man hört die neuen Bahnsteige und die der Aktivierung harrenden Halbschranken nicht, dafür aber Läutewerke alter Art, Formsignale und schnarrende Stelldrähte), wurde zur Auslaufstrecke für die allerletzten 796er, ehe diese im Sommer 1999 von modernen Fahrzeugen ersetzt wurden. Die letzten zwei 796-Zugpaare auf der Ammertalbahn fuhren am frühen Morgen, zuletzt mangels Beiwagen als 796-Dreierpack. Eisenbahngeräusche auf Schallplatten, das weckt nostalgische Erinnerungen an die sechziger und siebziger Jahre, als es eine Fülle derartiger Tonkonserven gab, Video war ja damals noch ein Fremdwort. Wie schön, daß sich auch heute noch einmal jemand an die Bedeutung der akustischen Archivierung der Eisenbahn gemacht hat. So kann man sich im Sessel zurücklehnen und von der CD die einmalige Schienenbus-Atmosphäre im Ammertal genießen.

Bestellkarte

An: Verlag Ingrid Zeunert, Postfach 14 07, 38504 Gifhorn

Expl. DIE KLEINBAHN (je DM 19,80): Band 2 [ ] Band 4 [ ]	
Expl. DIE KLEINBAHN (je DM 22,80): Band 5 [ ] Band 6 [ ]	
Expl. DIE KLEINBAHN (je DM 29,50): Band 7 [ ] Band 8 [ ] Band 9 [ ] Band 10 [ ]	
Expl. ZEUNERT'S SCHMALSPURBAHNEN (je DM 19,80): Band 8 [ ]	
Expl. ZEUNERT'S SCHMALSPURBAHNEN: (je DM 22,80) Band 11 [ ] Band 12 [ ] Band 13 [ ] Band 14 [ ]	
Expl. ZEUNERT'S SCHMALSPURBAHNEN (je DM 25,00): Band 15 [ ] Band 16 [ ] Band 17 [ ] Band 18 [ ]	

Name: _____

Strasse und Hausnummer: _____

PLZ: _____ Ort: _____ 1. Unterschrift: _____

Wichtige rechtliche Garantie: Ich weiß, daß ich diese Bestellung innerhalb von 10 Tagen widerrufen kann. Zur Fristwahrung genügt die Absendung des Widerrufs innerhalb dieser Zeitspanne an den Verlag Ingrid Zeunert, Postfach 14 07, 38504 Gifhorn. Ich bestätige meine Kenntnisnahme durch meine 2. Unterschrift:

Datum: _____ 2. Unterschrift: _____

150200

Bestellkarte

150200

Stück	V.-Nr.	Titel	Einzelpreis DM
	012	Moderne Privatbahn in der Grafschaft Bentheim	39,50
	014	Auf Schmalspurgleisen durch den Harz	29,50
	017	Lokalbahnen in der Steiermark (Steiermärkische Landesbahnen)	49,50
	018	Die Feldbahn (Band 4: Deutschland, Österreich, div. Betriebe)	59,50
	021	Die Feldbahn (Band 5)	in Vorbereitung
	024	Schmalspurbahn Zittau-Oybin/Jonsdorf	29,50

Name: _____

Strasse und Nr. _____

PLZ: _____ Ort: _____

Datum: _____ Unterschrift: _____

Wir sind Spezialisten
für Kleinbahn-Literatur

Hiermit bestelle ich zur fortlaufenden Lieferung bis auf jederzeit möglichen Widerruf:

ZEUNERT'S SCHMALSPURBAHNEN
ab Band ___
Preis je Band zur Zeit DM 25,00.

DIE KLEINBAHN
ab Band ___
Preis je Band zur Zeit DM 29,50.

Keine Abonnementbezahlung im voraus. Jeder Band wird mit Rechnung geliefert.
Name:

Strasse und Hausnummer:

PLZ und Ort:

1. Unterschrift: **Datum:**

Wichtige rechtliche Garantie: Ich weiß, daß ich diese Bestellung innerhalb 10 Tagen widerrufen kann. Zur Fristwahrung genügt die Absendung des Widerrufs innerhalb dieser Zeitspanne an den Verlag Ingrid Zeunert, Postfach 14 07, 38504 Gifhorn. Ich bestätige meine Kenntnisnahme durch meine zweite Unterschrift.

2. Unterschrift:_____

Postkarte

Verlag
Ingrid Zeunert
Postfach 14 07

D 38504 Gifhorn

Hiermit bestelle ich zur fortlaufenden Lieferung bis auf jederzeit möglichen Widerruf:

ZEUNERT'S SCIIMALSPURBAHNEN
ab Band ___
Preis je Band zur Zeit DM 25,00.

DIE KLEINBAHN
ab Band ___
Preis je Band zur Zeit DM 29,50.

Keine Abonnementbezahlung im voraus. Jeder Band wird mit Rechnung geliefert.
Name:

Strasse und Hausnummer:

PLZ und Ort:

1. Unterschrift: **Datum:**

Wichtige rechtliche Garantie: Ich weiß, daß ich diese Bestellung innerhalb 10 Tagen widerrufen kann. Zur Fristwahrung genügt die Absendung des Widerrufs innerhalb dieser Zeitspanne an den Verlag Ingrid Zeunert, Postfach 14 07, 38504 Gifhorn. Ich bestätige meine Kenntnisnahme durch meine zweite Unterschrift.

2. Unterschrift:_____

Postkarte

Verlag
Ingrid Zeunert
Postfach 14 07

D 38504 Gifhorn

Wir sind Spezialisten für Kleinbahn-Literatur